KB220605

춘천중앙교회 100주년기념교회 건축기

새 역사를 열어가는 교회

글쓴이 조성일 대학에서 역사학을 공부했고, 〈서울신문〉과 〈문화일보〉를 거쳐 잡지 〈아웃사이더〉 편집장을 지냈다. 중국역사서 〈자치통감〉 한글완역본(전32권) 출간 프로젝트에 총 디렉터로 활동하면서 원문대조 윤문 작업을 진행했다. 지금은 저널리스트의 경험을 살려 출판평론가로 활동하며 역사 관련 저술에 몰두하고 있다. 지은 책으로는 『미국학교에서 가르치는 미국역사』『청년, 착한기업 시작했습니다』『기형도의 시세계로 만나는 광명』 등이 있다.

춘천중앙교회 100주년기념교회 건축기

새 역사를 열어가는 교회

펴낸날 2015년 6월 28일 초판 1쇄 펴냄
찍은날 2015년 6월 28일 초판 1쇄 찍음
지은이 조성일
펴낸이 이향원
표지 디자인 임미정
편집 디자인 차동환
펴낸곳 소이연
전 화 070-7571-5328
등 록 제311-2008-000019호

전국총판 시간여행 070-4032-3665 팩스 02)332-4111

ISBN 978-89-98913-07-6 03230

값 18,000원

이 도서의 국립중앙도서관 출판시도서목록(CIP)은 서지정보유통지원시스템 홈페이지(http://seoji.nl.go.kr)와 국가자료공동목록시스템(http://www.nl.go.kr/kolisnet)에서 이용하실 수 있습니다. (CIP제어번호: CIP2015016674)

춘천중앙교회 100주년기념교회 건축기
새 역사를 열어가는 교회

소이연

성전을 위한 기도

하나님 아버지!
이 성전에서 회개의 기도와 남을 위한 중보기도가
끊어지지 않게 하소서.
이 성전에서 아이들의 재잘거리는 소리가 언제나 들리게 하시고
젊은이들의 노랫소리가 점점 더 커지게 하소서.
이 성전에서 서로의 발 씻어주는 물방울 소리와
위로하고 격려하는 사랑의 속삭임이 메아리치게 하소서.
무엇보다도 이 성전에서 구원의 복음을 전하는
예언자의 소리가 드높이 울려
온 누리에 불꽃처럼 퍼져나가게 하소서.

저 문으로 들어오는 자마다 은혜 충만케 하시며
제단의 저 십자가를 바라보는 자마다 위로와 용서를 받게 하시고
이 성전에 앉아 귀를 기울이는 자마다
힘을 얻고 염려와 걱정에서 해방되게 하소서.
성가대의 합창이 천사의 음성이 되어 상한 영혼을 어루만지게 하시고

강단의 말씀을 갈급한 심령에게 주께서 친히 운반하셔서
참회를 일으키고 거듭나게 하셔서
천국시민으로 변화하게 하소서.

주 하나님이시여.
이 성전에 슬픔의 상복을 입고 들어왔던 자가
기쁨의 나들이옷으로 갈아입게 하시고
무거운 짐에 눌려 들어온 자가
독수리의 날개를 받아 돌아가게 하소서.

주여.
이 전은 오직 하나님의 집이오니 길이길이 주님 품에 품어 주소서.
오직 하나님께만 영광을 돌리는
놀라운 일들이, 멋진 사건들이, 아름다운 이야깃거리들이
끝없이 한없이 피어나게 하소서.
아멘!

비전선언문

춘천중앙교회는 주님의 말씀으로 훈련된 하나
님의 사람들이 하나님 사랑과 이웃 사랑을 실
천하여 하나님의 나라를 세워가는 교회입니다.

시간은 흔적을 남기고,
흔적은 성도들의 발자취를 담아낸다

바울은 자신에게 드리워진 그리스도의 흔적을 자랑했다. 그것은 뽐냄이 아니었다. 자신을 드러냄도 아니었다. 그는 흔적을 통해 그리스도를 드러냈고, 그리스도와의 시간을 기억하고자 했다. 바울처럼 여기 한 교회 공동체가 건축의 발자취를 통해 하나님의 살아계신 역사의 흔적을 드러내고, 또 하나님이 함께 한 시간을 기억하고자 한다. 춘천중앙교회가 '100주년기념교회'를 건축하였던 이야기를 담아 펴내는 『새 역사를 열어가는 교회』가 바로 '하나님의 살아계신 역사의 흔적'이다.

이 책은 교회의 건축사만을 이야기하지 않는다. 교회를 통하여 일하시는 하나님의 이야기 즉 History를 담고 있다. 이야기 속에는 지도자의 결단과 고뇌 그리고 묵묵히 그 길을 걸어가는 발자국이 보인다. 그 지도자를 따르는 성도들의 눈물어린 헌신과 순종의 발자취들이 보인다.

1988년 8월18일 기획위원회의 모임으로부터 2005년 4월4일 창립 107주년 기념 선교교육관 봉헌예배까지 쉽지만은 않았던 건축의 여정을 보면서 현대판 출애굽이 떠올려진다. 가나안에 이르는 여정을 기도와 눈물

그리고 헌신과 믿음으로 한걸음씩 걸어가며 드러나는 그분의 계획과 인도하심을 우리는 생생하게 경험하게 된다.

흔적은 시간을 담아내는 그릇이다. 이 책 속에는 그 흔적들이 담겨있다. 지나간 시간의 흔적을 통해 우리는 과거를 본다. 그리고 미래를 준비하게 한다. 세워진 이 성전은 이제 하나의 웅장한 건축물이 아닌 하나님의 살아계신 역사의 흔적으로 기억될 것이다. 그리고 그 흔적을 통하여 건축의 시간 안에서 고백되어졌던 살아 역사하시는 하나님의 사랑을 이 책을 보며 후손들은 기억해내고 이어갈 것이다.

이 책을 통하여 우리는 지금 그 흔적을 품고 새로운 시대를 향하여 다시금 걸어가고 있는 춘천중앙교회의 모습을 함께 바라보게 될 것이다.

또한 이 책은 교회의 위기라고 많은 이들이 걱정의 소리를 내고 있는 이때 우리에게 말하고 있다. 위기는 하나님의 역사를 경험하는 또 다른 기회가 되어질 수 있음을…. 그리고 위기 앞에 멈추어 서지 말고 그것을 넘어서서 하나님의 흔적을 품는 모든 한국 교회로 세워지기를 기도한다.

이제 아름다운 교회 건축으로 마무리되어지고 그것은 또 다시 하나님 역사를 열어가는 새로운 시작으로 준비되어간다.

끝으로 예수께서 이 웅장한 예루살렘 교회를 바라보면서, 이 성전을 헐라 내가 사흘만에 다시 세우리라 하신 그 말씀을 마음에 새기며, 모든 성도들이 건물을 자랑하는 것이 아니라 성도들 모두가 하나님이 거하시는 성전이 되어서 결코 무너지지 않는 교회가 되고, 바울의 고백처럼 예수의 흔적을 갖게 되기를 소망한다.

2015년 6월
원주제일교회 담임목사 최헌영

책을 펴내며

시대가 흐르면 세상이 변하고 사람들의 의식이 변합니다. 교회도 이에 따라 변화되어야 합니다. 교회의 정체성을 잃어버리라는 것이 아니라 복음을 전하기 위해, 세상에 선한 영향력을 나타내기 위해 교회는 끊임없이 변화되어야 하는 것입니다. 교회가 변화되지 못하면 교회는 세상 사람들을 품을 수가 없습니다.

제가 춘천중앙교회에 부임했을 때 처음 생각했던 것은 '마흔이 채 되지 않은 저를 하나님은 왜 이곳에 보내셨을까', '제게 주신 사명은 무엇일까', '하나님은 춘천중앙교회를 통해 무엇을 이루어가기를 원하실까' 하는 물음이었습니다. 이 물음의 해답은 과거의 전통이나 관습에 매여 있는 교회가 아니라 복음의 능력을 통해서 세상에 선한 영향력을 나타내는 교회가 되어야 한다는 것이었습니다. 자신을 태워 세상에 빛이 되어야 하고, 또 소금과 같은 존재가 되어야 한다는 것입니다.

제가 담임목사로 부임할 당시 춘천중앙교회는 변화를 준비하고 있었습니다. 우리 교회에 주신 비전을 통해 교회가 변화할 수 있도록 하기 위해서 하나님은 100주년기념교회를 준비하게 하셨습니다. 교회는 일반적인 건축물과 성격이나 의미나 다릅니다. 각각의 건물마다 나름의 용도를 생각하고 건축을 합니다. 모든 건물은 현실적인 용도가 핵심이 되어 건축이 이루어지지만 교회는 의미부터가 다릅니다.

첫째, 교회는 그 자체가 예수님이 십자가에서 흘리신 핏값으로 세워진다는 영적인 의미를 가지고 있습니다.

다시 말하면 하나님의 집입니다. 그래서 거룩함을 중요하게 여깁니다. '잘 지었다, 못 지었다', 라는 판단보다 더 중요한 것이 있다면 성도들이 모여서 예배드리고 하나님께 영광을 돌리는 곳입니다. 하나님께 올려드리는 성도들의 기도와 눈물, 헌신이 있는 곳이 교회입니다.

둘째, 교회는 하나님이 주신 비전을 담는 그릇입니다.

'비전'이란 '하나님께서 교회에 주신 소명'입니다. 하나님께 영과 진리로 예배드리는 예배사역, 열방에 말씀을 선포하기 위한 선교사역과 지역을 섬기는 봉사사역, 성도들을 하나님의 사람으로 세우는 양육사역, 그리고 성도들이 그리스도의 장성한 분량에 이를 수 있도록 서로 교제하며 사랑을 나눌 수 있는 사역이 교회를 통해서 이루어져야 합니다. 그래서 교회는 단순히 건물을 잘 '지었느냐, 못 지었느냐'로 판단할 수 없습니다. 하나님이 주신 비전을 실천할 수 있는 공간적 의미가 바로 교회입니다.

셋째, 교회는 하나님이 교회를 세우신 목적에 맞게 세워져야 합니다.

하나님께 예배를 드리기 위한 공간, 성도들을 제자로 삼고 다음 세대를 위해서 양육과 훈련이 있는 공간, 하나님께 간구하는 기도의 공간, 함께 애찬을 나누며 사랑의 교제를 나누는 공간 등 예수님을 통해 모두가 영적으로 성장할 수 있는 다양한 공간이 준비되어야 하기 때문에 하나님이 교회를 세우신 목적에 맞게 세워져야 합니다.

넷째, 교회는 성도들의 기도와 눈물, 사랑과 헌신으로 세워지는 곳입니다.
돈이 있다고 교회가 세워지는 것이 아니라 교회에 속한 모든 성도들의 마음이 하나님을 향해 하나로 모여질 때 교회가 세워집니다. 그래서 먼저 기도로 준비하고, 성전 건축을 위해 성도 개인이 작정하여 하나님께 드리는 헌금으로 교회는 세워집니다. 목회자와 성도의 마음이 한마음이 되지 못하면, 목회자와 성도의 눈물과 헌신이 없다면, 아무리 좋은 교회를 세웠다 할지라도 그냥 건물에 불과합니다.

우리 교회 100년사를 펴내면서 지금 퇴계동에 세워진 100주년기념교회는 하나님이 예비하신 교회라는 사실을 알게 되었습니다. 춘천중앙교회가 세워질 당시 초창기 교회가 퇴송골에서 시작되었는데, 지금 100주년기념교회가 세워진 자리가 과거의 퇴송골 주변지역이라는 사실입니다. 100여년 전 춘천중앙교회가 세워진 자리는 정확히 모르지만 과거 100여년 전 교회가 세워진 그 주변지역이라는 것을 생각하면, 그것은 과거 100년의 역사를 통해 앞으로 다가올 미래의 100년을 준비하라는 하나님의 섭리와 계획이라 믿습니다.

이 책을 펴내게 된 것은 교회의 역사를 자랑하기 위한 것도 아니고, 교회가 세워지기까지 어느 개인의 업적을 말하려는 것도 아닙니다. 지금의 100주년기념교회가 있기까지 하나님께서 우리 교회에 주신 비전을 잃어버리지 말고 교회가 비전을 실천하기 위해 변화되어야 한다는 것을 강조하기 위해서입니다. 우리에게 다가올 새로운 100년을 준비하자는 의미입니다. 또 100주년기념교회를 세우기까지 자신의 삶을 드리며 사랑과 수고, 눈물로 헌신했던 선배 성도들의 신앙을 기억하기 위한 것입니다.

100주년기념교회가 세워지기까지 마중물이 되어 주신 김교익 장로님, 교회 건축의 과정을 글로 남길 수 있도록 인터뷰에 응해 주신 안민 장로님, 김기태 장로님, 임봉수 장로님, 정세연 장로님, 강창기 장로님, 이인수 장로님, 김석권 장로님, 박경희 권사님, 100주년기념교회가 세워지기까지 설계와 감리를 맡아주신 박홍균 장로님, 공사감독을 맡아주신 최택현 집사님, 이 책의 감수를 맡아 애써주신 강경중 장로님, 노희영 장로님, 함미영 장로님, 그리고 이 책이 나오기까지 전체를 총괄해 주신 이용석 목사님과 함광복 장로님, 사진을 찍어주신 이수웅 집사님, 기록으로 남길 수 있도록 도와주신 조성일 작가님께 감사드립니다. 특별히 교회를 위해 사랑와 헌신, 기도와 눈물로 교회 건축에 참여해 주신 춘천중앙교회의 모든 성도님들께 감사를 드리며 교회 건축의 과정을 인도해 주신 하나님께 모든 영광을 올려드립니다.

2015년 6월

하나님께 감사드리며
퇴계동 100주년기념교회에서

권오서 목사

차례

새 역사를 열어가는
춘천중앙교회 건축 이야기

많은 교회가 교회를 증축 혹은 신축을 하거나 수리, 보수를 한다. 여기에는 여러 이유가 있겠지만, 교회를 지은 지 오래되어서 비가 새고 냉난방에 어려움이 있는 등 더 이상 예배공간으로서 기능과 역할을 할 수 없거나, 아니면 교회가 크게 부흥하여 출석하는 성도들이 많아져서 함께예배를 드릴 수 없는 경우가 대부분일 것이다.

춘천중앙교회가 교회를 퇴계동으로 이전, 신축한 것은 이런 두 가지요소가 복합적으로 작용한 결과이다. 옥천동예배당이 낡기도 하였거니와 교회가 크게 부흥하여 출석 성도들이 함께 예배드릴 수 없을 만큼 공간적 한계에 이르렀기 때문이었다.

교회가 성전을 신축하는 일은 매우 어려운 과제다. 성전 터를 결정하는 것에서부터 건축비 마련과 실제 시공에 이르기까지 어느 것 하나 쉬운일이 없다. 모든 과정 과정이 살얼음판이라고 해도 크게 틀리지 않는다.

다행히 목회자와 성도가 한마음으로 건축과정에서 부딪히게 되는 갖가지 어려움들을 슬기롭게 극복해가며 교회를 무사히 건축하면 감사와 기쁨을 함께 나눌 수 있다. 그러나 많은 교회가 그렇지 못해 크고 작은 후유증에 시달린다. 그건 아무래도 목회자와 성도들이 마음을 하나로 합치지 못해 서로 간에 불신과 갈등의 골이 깊어졌기 때문이리라.

교회는 어떻게, 무엇으로 건축해야 하는 걸까? 이 물음에 간단하게 답하면, "교회는 마음으로 건축한다."고 정의할 수 있다. 여기서 '마음'이란 교회 건축에 임하는 목회자와 성도들이 가져야 할 마음이다.

교회를 짓기 위해서는 많은 돈이 필요하다. 그럼에도 춘천중앙교회가 100주년기념교회를 건축하는 과정에서 보여준 것은 바로 돈이 아니라 마음으로 교회를 짓는 것이 무엇인지를 분명하게 보여주었다. 그 결과 춘천중앙교회는 은혜가 넘치는 교회로 거듭나며 날로 부흥, 성장하고 있다.

이 책은 바로 '마음으로 지은 교회'에 관한 이야기이다. 어린이에서부터 노인에 이르기까지, 성도에서부터 장로에 이르기까지 춘천중앙교회에 출석하는 모든 성도들과 목회자가 마음으로 100주년기념교회를 건축한 내용이 기록되어 있다. 그 마음을 몇 가지로 요약하면 다음과 같다.

첫째, 사랑의 마음이다.

사랑의 마음은 두 가지로 말할 수 있다. 하나는 하나님을 사랑하는 마음이요, 다른 하나는 교회를 사랑하는 마음이다. 예수님의 십자가 사랑이 100주년기념교회 건축을 준비하는 모든 성도들에게 있었다. 지금의 교회에 안주하지 않고 하나님이 원하시는 교회가 되기 위한 교회 사랑의 마음이 있었기에 교회를 건축할 수 있게 되었다.

둘째, 모든 성도들의 헌신의 마음이다.

교회를 건축하기 위해서는 자신이 소유한 것을 하나님 앞에 드려야 한다. 모든 사람들은 자기의 생활에서 풍족한 삶을 살지 않는다. 그래서 자신의 삶을 살기 위해 나름 준비한 것을 하나님께 드려야 한다. 예수님께 옥합을 깨뜨린 여인처럼 자신이 가지고 있는 것 중에 소중한 것을 드려야 한다. 그래야 교회가 세워진다.

셋째, 믿음과 순종의 마음이다.

하나님께서 이루어가실 것이라는 믿음과 결정된 사항에 대해서 순종의 마음이 있을 때 교회건축이 이루어진다. 세상에서 어떤 일이 결정될 때 통상 과반수인 50%만 넘으면 된다. 그러나 교회는 99%가 동의해도 나머지 1%의 동의가 없으면 어떤 일을 결정하고 이행할 때 힘든 상황을 만나게 된다. 특히 교회건축은 더더욱 그렇다. 교회건축과정에서 많은 교회들이 어려움을 겪는 이유는 바로 여기에 있다. 성도들 중에서 교회를 떠나는 성도가 생겨나는 이유도 여기에 있다. 그렇기 때문에 하나님이 하신다는 온전한 믿음과 순종을 통해서 교회가 건축되어야 한다.

넷째, 기도하며 인내하는 마음이다.

건축설계도면과 시공사가 있다고 해서 교회가 지어지는 것이 아니다. 교회를 지을 때 모든 성도들이 한마음으로 기도해야 한다. 건축을 하기 전에 오랫동안 인내하며 준비해야 한다. 막상 건축이 시작되면 교회건축 비용의 일부를 대출 받고 또 그 대출 받은 것을 갚아나가기까지 인내가 필요하다. 이런 마음이 없으면 교회를 건축할 수 없다. 교회건물은 1~2년이면 지어지지만 성도들의 마음에는 5년, 10년 아니 그보다 오랜 기간

동안 건축에 따른 부담감이 있을 수 있기 때문이다.

다섯째, 내 교회라는 공동체 의식이다.

오늘날 교회가 겪는 어려움이 있다면, 그 원인은 '내 교회'라는 공동체 의식의 부족에서 찾을 수 있다. 내 교회이기 때문에 헌신할 수 있고 봉사할 수 있다. 내 교회라는 공동체 의식이 없으면 교회 건축을 할 수 없다. 내 교회이기에 교회 건축을 할 때 헌신할 수 있고 순종할 수 있다.

여섯째, 현재에 만족하지 않고 미래를 준비하는 마음이 있어야 한다.

춘천중앙교회는 현실에 만족할 수도 있다. 그것은 강원도에 복음을 처음 전파한 선교사들의 헌신과 사랑으로 '강원도에 처음 세워진 교회', '강원도의 모교회'로 자리매김 되었기 때문이다. 하지만 다른 교회나 성도들이 '강원도의 모교회'라고 인정해 주지 않으면 아무런 의미가 없다. 그래서 춘천중앙교회는 이런 현재의 모습에 만족하지 않았다. 과거의 역사에 만족하는 교회가 아니라 '새 역사를 열어가는 교회'가 되기 위해서 기도하고 끊임없이 변화를 추구해야 했다. 세상 속에 선한 영향력을 나타내기 위해서 교회 역시 변화되어야 했다. 이에 춘천중앙교회는 교회가 앞으로 나아가야 할 방향이 무엇인지 준비하는 교회가 되기 위해서 노력해 왔다. 그 결과물로 표현된 것이 100주년기념교회 건축이었다. 단순히 교회를 건축하는 것이 아니라 미래비전을 제시하며 하나님께서 맡겨주신 춘천중앙교회의 사명과 역할을 이루어가기 위한 준비였다.

일곱째, 비전을 나누고 함께 그려나가는 마음이다.

교회를 건축하기로 결정하고나면 실제 교회 건축이 이루어지기까지

수많은 모임을 갖게 된다. 이 과정에서 목회자와 성도들의 마음이 하나의 마음이 되어야만 교회 건축이 이루어진다고 할 수 있다. 또한 목회자의 비전이 성도들의 마음속에 각인이 되어 성도들이 목회자의 동역자가 될 때 교회 건축은 이루어진다.

여덟째, 감사의 마음이다.

모든 교회, 모든 성도들이 다 교회 건축에 참여할 수 있는 것은 아니다. 교회가 처한 상황에 따라 건축을 할 수 있는 교회도 있고 건축을 하지 않아도 되는 교회도 있다. 그런데 교회 건축을 하게 되면 성도들의 많은 헌신과 희생이 요구된다. 이런 헌신과 희생을 감사함으로 받아들일 수 있다면 교회 건축을 하면서 겪는 어려움을 쉽게 극복할 수 있게 된다. 교회 건축을 하면서 힘든 것만 생각하고 자신이 해야 할 의무를 힘들게 여긴다면 교회 건축을 하는 동안 불만과 불평이 이어질 것이다. 그러나 감사함으로 교회 건축을 하게 될 때 교회 건축 이후에 교회를 바라보면서 기쁨이 충만하게 될 것이다.

이 책은 크게 세 부분으로 나뉘어져 있다. '제1부 100주년기념교회 건축을 위한 준비'에서는 춘천중앙교회 100주년기념교회 건축의 시작이 어떻게 이루어졌으며, 이전, 건축하기로 결정하기까지의 과정, 성전 터 마련, 건축헌금 이야기, 건축설계와 건축위원회의 구성 등 교회 건축을 위해 준비하는 과정을 다룬다. 당시 옥천동예배당이 처한 여러 가지 현실적 상황과 교회의 미래비전에 대한 생각을 함께 나누는 과정, 성도들과 담임목사가 함께 어떤 교회를 지을 지에 대해 고민하는 과정도 기록되었다.

'제2부 100주년기념교회 건축'에서는 100주년기념교회 건축 기공예배를 시작으로 본격 공사의 시작과 진행과정, 옥천동예배당 매각, 그리고 100주년기념교회 입당예배와 봉헌예배까지를 다루고 있다.

'제3부 선교교육관과 로뎀하우스 건축'에서는 다음 세대를 위한 선교교육관 건축에 대한 논의에서부터 선교교육관건축위원회 구성, 선교교육관 건축과정을 다룬다. 또 목사관인 로뎀하우스 건축, 주차장 및 조경공사, 인테리어 보수공사를 끝으로 100주년기념교회 건축의 대단원의 막을 내리는 과정을 기록한다.

그리고 이 책에서 언급되는 교회의 목회자나 임원, 성도들의 직책은 당시의 직책으로 표기하며 필요할 때에만 괄호 속에 현직을 넣었다. 또 지금은 고인이 된 분들의 경우, 처음 이름을 언급할 때에 이름 앞에 '고(故)'를 넣어 표기하고 이후에는 생략한다.

춘천중앙교회의 100주년기념교회 건축 과정은 결코 짧은 기간에 완성된 것이 아니다. 이전에 전혀 논의가 없었던 것은 아니지만, 1988년 권오서 담임목사가 부임하면서 논의를 시작하여 2015년까지, 100주년기념교회를 건축하기 위한 마음들이 모인 시점부터 100주년기념교회의 건축, 선교교육관의 건축, 주차장과 조경공사, 인테리어 보수공사, 그리고 이에 소요된 모든 건축 부채를 갚는 올해까지 이어진 기나긴 여정이었다. 100주년기념교회를 건축하는 이 긴 시간 동안 춘천중앙교회는 하나님의 인도하심과 예비하심을 느낄 수 있었다. IMF라는 사상 초유의 물질적 대란 속에서 하나님은 불 기둥으로 구름 기둥으로 이스라엘 백성을 광야에서 인도해 주셨던 손길을 춘천중앙교회의 모든 성도들에게 보여주셨다. 그래서 이 책은 춘천중앙교회 100주년기념교회 건축에 대한 내용보다 건축과정에서 역사하신 하나님의 손길을 담고 있다고 할 수 있다.

제1부
100주년기념교회 건축을 위한 준비

성전 건축을 위한 생각의 시작

강원도 모교회인 춘천중앙교회 100주년기념교회 건축의 출발은 1988년 고(故) 곽철영 원로목사(2014년 소천)의 후임으로 제26대 권오서 담임목사가 부임하면서부터라고 할 수 있다.

1980년대 말, 강원도 춘천시 옥천동에 자리 잡은, 이른바 '아폴로교회'로 널리 알려지던 춘천중앙교회는 성도의 수가 갑자기 크게 늘거나 그렇다고 또 줄거나 하지 않은 안정적인 상태를 유지하고 있었다. 해방 후 50, 60대의 경험이 풍부한 장년층 목회자들이 목회를 해온 터여서 춘천중앙교회는 꾸준히 성장을 이루면서 동시에 품위와 안정감을 확보할 수 있었던 것이다. '변화'보다는 '안정'을 더 추구하는 교회였다.

눈부신 경제성장과 과학문명의 급속한 발전이 가져오는 삶의 빠른 변화 속에서 '안정'이라는 가치는 미래를 위한 것이라기보다는 현실에 보다 충실하는 것이었다. 그런 안정된 상황이 유지되는 가운데 신앙생활을 하던 춘천중앙교회는 그 무렵 변화를 도모하기 위한 새로운 상황을 맞았다. 권오서 담임목사의 부임이 그것이었다. 당시 춘천중앙교회는 뭔가 새로운 변화가 필요하던 시기였다. 사회적으로나 국가적으로나 변화의 속도가 빨라지면서 모든 분야가 시대조류에 맞게 변화를 추구하는 것이 하나의 시대적 화두이자 흐름이었다. 교회 역시 예외가 아니었다.

이런 시대적 변화에 맞추어 춘천중앙교회는 또 한 번의 부흥을 위해서는 전반적인 일신이 필요하다는 공감대가 형성되고 있었다. 지금까지의 안정에 중점을 둔 목회로는 더 이상 부흥할 수도 없거니와 강원도와 춘천의 모교회라는 역사성에 맞는 역할과 사명을 수행하는 데도 분명한 한계가 있을 것으로 예상되었기 때문이다. 더욱이 옥천동예배당은 교회 터는 물론이거니와 곳곳에 배치돼 있는 여러 공간들이 이미 수용의 한계를 넘은 상태였다. 천장에서 비가 새는 등 수리 또는 정비해야 하는 과제도 만만치 않았다. 비좁은 주차장 문제는 주일마다 크게 곤욕을 치러야 하는 주중행사가 된 지 오래였다. 이런 과도기적 상황에서 곽철영 담임목사가 은퇴하게 되었다.

이에 춘천중앙교회 장로회는 곽철영 목사의 은퇴식을 준비함과 더불어 후임 목회자 초빙을 위한 일에 들어갔다.

장로회는 목회자초빙위원회를 구성하는 한편 새로 부임하는 담임목사를 통해 춘천중앙교회가 강원도와 춘천의 모교회로서 그 위상과 역할을 회복하고 나아가 미래비전을 실현한다는 데로 의견을 모았다. 이에 후임 담임목사는 춘천중앙교회의 역사성을 계승, 발전시키고, 나아가 미래비전을 실현할 수 있는 진취적이고 활동적인 목회자여야 한다는 큰 원칙 아래 다음과 같이 후임 목회자 초빙기준을 마련했다.

첫째, 미래를 이끄는 영성 있는 젊은 목사로 한다.

둘째, 감리교신학대학 출신이어야 한다.

셋째, 유학을 다녀온 박사학위 소지자로 한다.

곽철영 목사 은퇴식을 알리는 현수막.

그러면서 목회자초빙위원회는 서울과 지방 등 지역을 구분하지 않고 좋은 목회자를 찾아가서 직접 목회 활동을 살펴보기로 했다. 다만 교회에서 목회자를 초빙할 때 일반적으로 흔히 하는 시험적인 설교는 하지 않기로 했다. 이렇게 마련한 기준은 장로회의 전체회의를 통해 확정, 추인됐다. 이제 남은 일은 목회자를 추천 받고 그리고 그 목회자가 목회하고 있는 교회로 찾아가 설교를 직접 듣고 면담을 하는 일이었다.

담임목사 후보자로 모두 6명이 추천됐다. 이들 모두 나름대로 목회에 열심인 훌륭한 목회자였지만 특히 가장 눈에 띄는 후보는 서울 강서구에 있는 신정중앙교회에서 담임으로 시무하고 있던 권오서 목사였다.

권오서 목사는 충북 청주 출신으로 청주중학교와 미션스쿨인 서울 대광고를 거쳐 감리교신학대학 및 대학원을 졸업한 후 1978년에 목사 안수를 받았다. 그리고 역사와 전통이 있는 서울 종교교회에서 부목사로 4

년 5개월간 봉직했다. 1982년에 미국 클레어몬트 신학대학으로 유학하여 박사학위를 받고, 1986년에 귀국하였다. 서금석 사모도 감리교신학대학 출신이었다.

목회자초빙위원회는 권오서 목사가 인도하는 신정중앙교회를 방문하여 권 목사의 설교를 직접 듣고 또 부흥회도 참관하는 등 꼼꼼하게 체크하였다. 그 결과 여러 면에서 권오서 목사가 춘천중앙교회의 담임목사로 적합하다는 결론을 내렸다. 나이가 젊은 데다 역동적이고 진취적인 사고의 소유자이고, 미국유학파라는 점에서 늘 편안하게 현실에 안주해오던 춘천중앙교회에 새 바람을 불어넣기에 안성맞춤의 적임자였다. 목회자초빙위원회는 마침내 권오서 목사를 초빙하기로 결정하고 장로회에 보고했다. 장로회는 만장일치로 동의했다. 목회자초빙위원회는 곧바로 권오서 목사에게 정식으로 초빙의사를 밝혔다. 이제 결정은 권오서 목사의 몫이었다.

"사실 그때 고민이 전혀 없었다면 거짓말이겠죠. 춘천중앙교회가 아무리 춘천과 강원도의 모교회라 하더라도 춘천이 지방이기에 갖는 한계가 있을 것 같아서였습니다. 그때만 해도 뭔가 크게 꿈꿀 수 있는 젊음과 패기가 가득했으니까요."

권오서 목사의 고민은 목회자이기에 앞서 인간적인 고뇌일 수밖에 없었다. 하지만 그는 춘천중앙교회의 초빙 제의를 정중하게 받아들였다. 이 초빙 역시 하나님의 역사하심이라고 생각됐기 때문이다. 하나님께서 자신을 춘천중앙교회 담임목사로 쓰려고 하시는데, 하나님의 종 된 자로서 그 사명을 거역할 수 없었기 때문이었다. 잠깐의 고민은 있었지만 결정은 흔쾌히 그리고 빠르게 했다.

1988년 4월 3일 권오서 목사가 춘천중앙교회 제26대 담임으로 취임했다.

　춘천중앙교회가 나이 서른아홉 살 반의 권오서 목사를 담임으로 초빙하기까지의 과정은 매우 빠르게 진행됐다. 불과 1주일 만에 결정하고 열흘 안에 구역회 등 법적인 절차를 모두 끝냈다. 성도들 사이에 변화의 필요성에 대한 공감대가 그만큼 널리 형성돼 있었다는 반증이었다. 춘천중앙교회의 역사와 전통에 대해 잘 알고 있는 사람들은 권오서 담임목사의 초빙에 대해 '파격적'이라고 했다. 교회가 큰 결단을 했다고 평가했다. 권오서 담임목사 자신도 이와 같은 생각이었다고 술회했다.

　권오서 담임목사는 춘천중앙교회에 부임하면서 세세하게 준비하지는 못했다. 강원도 춘천에서 목회하리라고는 생각해본 적이 없었거니와 춘천중앙교회에 대해서도 아는 것이 거의 없었다. 그런데 준비할 시간조차 없었다. 그럼에도 그가 춘천중앙교회에 부임하여 보여준 목회는 철저히 준비된 목회였다. 언제 어떤 교회에서 어떤 역할이 주어지더라도 늘 잘 해낼 수 있도록 평소 철저히 준비해오고 있었기 때문이었다. 또 삶 자체 가 목회라고 생각하고 늘 실천하고 있었기 때문이었다.

목사는 목회로 말해야 한다는 신념을 갖고 있는 권오서 담임목사가 춘 천중앙교회의 새 담임자로서 세운 목회의 목표는 춘천중앙교회의 모교 회성 회복과 교회의 부흥이었다. 그렇다면 이런 목표를 이루기 위해 어 떻게 해야 할까? 그는 교회다운 교회가 되어야 한다고 생각했다.

그렇다면 교회다운 교회가 되기 위해서는 어떤 준비가 필요할까? 성도 들이 마음껏 기도하고 친교할 수 있는 교회가 있어야 한다. 하지만 당시 옥천동예배당은 공간적인 한계에 다다라 있었다. 이에 권오서 담임목사 는 자연스럽게 교회의 건축이 필요하다는 생각을 갖게 되었다.

춘천중앙교회 100주년기념교회의 건축을 위한 생각의 출발은 이렇게 새로 부임한 권오서 담임목사에 의해서 시작됐다.

미래비전을 향한 변화의 출발

춘천중앙교회의 새 담임인 권오서 목사는 목회의 주안점을 우선 강원도와 춘천의 모교회라는 역사성에 주목하여 '모교회성 회복'에 두었다. '모교회성 회복'이라 함은 어머니의 역할을 다시 찾는 것을 말하는데, 어머니는 자신보다는 자식들을 위해 모든 것을 바치는 존재다. 희생정신을 바탕으로 한 이타심의 소유자가 바로 어머니인 것이다. 그런 점에서 그는 춘천중앙교회가 모교회로서 역할과 사명을 다할 수 있는 목회적, 신학적 그리고 사회적 가치를 만들어내겠다는 각오였다.

그렇다면 이 목표를 실현하기 위해서는 춘천중앙교회를 어떤 교회로 거듭나게 해야 할까?

권오서 담임목사는 특정 부분이 아니라 모든 부분이 골고루 건강한 교회가 되어야 한다고 생각했었다. 모든 신체가 골고루 건강해야 명실상부한 건강인이듯 교회 역시 마찬가지라는 생각에서였다.

"모든 부분이 골고루 건강함은 여유로움을 갖게 하고, 그 여유로움은 다른 교회를 도울 수 있는 넉넉한 마음도 생기게 한다. 교회다운 교회가 건강한 교회이고, 건강한 교회는 균형 잡힌 교회이다. 이런 균형에서 생긴 영적인 힘이 규모의 힘과 조화된다면 그 교회는 건강하고 아름다운 교회가 되는 것이다."

또한 권오서 담임목사는 믿음의 원점으로 돌아가 처음 신앙과 처음 사랑을 생각해야 한다고 강조했다. 거창한 것보다 본질에 충실하여야 한다는 의미였다. 이에 그는 장로들과 더불어 교회의 현실적인 문제를 함께 점검, 파악하는 한편 그 대책을 마련하는 작업에 착수하였다. 그는 부임하던 그 해 여름까지 장로들과 개별적으로 또 여럿이 함께 머리를 맞대고, 행정, 선교, 교회 등 여러 파트로 나눠 과거, 현재, 미래의 문제를 파악했다. 그리고 그는 기획위원회 세미나를 갖자고 장로들에게 제안했다.

이에 따라 춘천중앙교회는 1988년 8월 오월기도원에서 첫 번째 기획위원회 세미나를 열었다. 그런데 장로들은 그에게 세미나에서 다룰 안건들을 교회에서 준비해달라고 했다. 그러나 그는 생각이 달랐다. 교회에서 자료를 준비하는 방식이라면 세미나를 갖는 의미가 반감된다. 준비된 자료만 갖고 형식적인 토의가 이루어질 것이 뻔했기 때문이다. 그가 기획위원회 세미나를 열고자 했던 목적은 장로들이 교회의 현실적인 문제를 파악한다는 기본적인 역할은 물론이거니와 이 과정을 통해 교회의 문제를 해결할 수 있는 방안도 함께 찾아보겠다는 것이었다. 장로들 모두가 교회의 현주소를 공유하고 동시에 각자의 위치가 어디고, 또 해야 할 역할이 무엇인지를 알게 하자는 취지였던 것이다.

권오서 담임목사의 리더십은 담임목사 한 사람의 결정으로 교회가 움직이는 수직적 구조로는 다가오는 미래비전을 실현하기 어렵다는 것이었다. 그래서 그는 모두가 함께 생각하고 고민하고 결정하여 해결하는 것이 가장 바람직한 리더십이라고 생각했다. 이에 수직적 소통보다는 수평적 소통을, 하향식보다는 상향식 의사결정구조를 통해 춘천중앙교회의 미래를 함께 열어가는 열린 목회를 지향하였던 것이다.

열린 목회는 교회의 크고 작은 일들을 목회자, 장로, 성도 모두가 함께 공유하고 논의하고 결정하는 방식이라고 할 수 있는데, 모두 능동적으로 참여하게 함으로써 일이 순조롭게 진행될 수 있는 장점을 갖고 있다.

또한 권오서 담임목사는 변화를 점진적으로 추진했다. 지금은 원로장로가 된 당시 장로 한 분이 그에게 찾아와서 소신껏 교회를 운영하라면서 한 가지 주문을 했다. 배가 방향을 급선회하면 배에 타고 있던 승객들이 멀미를 하듯 지금 춘천중앙교회 성도들이 준비가 덜 돼 있는 상태에서 교회의 변화를 급격하게 추진하면 혼란스러워하니까 그 점만은 감안해달라고 했다. 권오서 담임목사 역시 이 말에 적극 공감하였기에 차분하게 변화를 추구하겠다는 생각이었고, 또 그렇게 실천했다.

옥천동예배당의 상황

　권오서 담임목사가 취임할 당시 춘천중앙교회의 가장 큰 현안은 교회의 공간이 너무 협소하여 교회가 부흥하는데 한계가 있다는 점이었다. 그럼에도 성도들 사이에서는 '변화'보다는 '안정'에 무게중심을 둔 목회활동에 공감대를 형성하고 있었고, 약간의 불편함은 충분히 감내할 수 있다는 분위기가 지배적이었다. 어느 누구도 대놓고 불평이나 불만을 토로하는 상황이 아니었다. 어제가 있었으니까 어제 같은 오늘이, 오늘이 있으니까 오늘 같은 내일이 있을 뿐이었다. 주일이 되면 강원도의 모교회라는 상징성이 가득한 교회에 모여 예배를 드리는 것이 늘 일상처럼 있을 뿐이었다.

　당시 춘천중앙교회의 상황을 담아내는데 있어서 옥천동예배당이 가진 그릇은 어쩌면 적당했다고도 할 수 있다. 모자람은 모자람대로 불편함은 불편함대로 감수하면 그뿐이었기 때문이다. 공간이 삶을 지배하듯 어느덧 옥천동예배당이라는 그릇 속에 성도들 모두 적응해온 터여서 불편함도 으레 있는 일이었고, 주일에만 잠시 겪는 불편함 그 이상도 그 이하도 아닌 일이 되었던 것이다.

헬리캠으로 하늘에서 촬영한 옥천동예배당.

  그러나 춘천중앙교회의 새 담임으로 부임한 권오서 목사의 눈에는 당
시의 교회가 자신의 목회 비전을 실현하기에는 뭔가 2% 부족한 것 같다
는 느낌이 강하게 들었다. 그는 당시 옥천동예배당이 본당을 비롯하여
교육관이나 예배실, 시스템 등이 어둡고 답답하다고 느꼈다.

  철근 콘크리트 구조인 소위 아폴로교회의 217평 규모의 대예배당은
1970년에 건축을 시작하여 1972년에 완공한 건물인데, 인조석 물갈기를
하지도 못한 상태에서 사용하고 있었다. 대예배실의 바닥과 성전 주위가
불결했다. 또 별실의 계단실 부근을 증축하여 마련한 자모실은 설교하는
강단이 투시되지 않고 확성기로도 설교 음성을 들을 수가 없었다. 쥬디
기념관과 교육관은 십자가와 누수가 우려되는 지붕을 수리하여 크게 문
제점이 발견되지는 않았지만 전체적으로 건물들이 노후화되어 끊임없이

보수가 요구되는 상황이었다.

당시 옥천동예배당의 상황이 어떠하였는지는 김기태 장로가 〈춘천중앙교회〉지(1992년 4월호)에 "넓은 마당이 필요하지 않습니까?"라는 제목으로 기고한 제언에 잘 나타나 있다.

"90년 된 우리교회가 넓은 공간에 아름다운 성전을 짓기 위해 애막골에 6천 평 터를 마련하였지만 빠른 시일 안에 교회를 짓고 이사하기에는 많은 준비와 시간이 필요합니다. 이에 새 성전 건립 이전에 현재의 교회를 효율적으로 합리적으로 개선하여 사용하는 것이 어떨까 하는 나의 생각을 정리하여 제언해 봅니다. 새 터에 새 성전 짓기를 서두르지 않고 헌교회 건물에 재정적 투자를 하는 것은 앞뒤가 맞지 않는 일이라는 반론도 있을 겁니다. 그럼에도 지금의 교회는 시내 중심부에 있으나 터가 좁고 시설이 낡아 시대에 따라가지 못하므로 부분적 재투자를 하여 이용도를 높이면 이후 새 성전을 건립할 때까지 대체할 수 있는 투자적 가치가 충분히 있다고 생각됩니다. 이 제언이 절대적인 것은 아니지만 검토해 볼만한 안이라고 생각합니다."

그는 주차 공간 확보 등으로 인해 현대교회는 예배당 터가 넓어야 함에도 춘천중앙교회의 상황은 언덕 위 1,056평에 지어진 지 오래된 낡은 예배당이어서 불편한 점이 한두 가지가 아니라고 말했다. 그는 마루와 천장 지붕이 낡고 문틀이 맞지 않아 수리비가 건축비와 맞먹을 것으로 예상되는 교육관을 헐어 넓은 공간을 확보할 필요가 있을 뿐만 아니라 길가에 있어서 보기 흉한 사찰사택도 헐어 유치원 운동장과 주차장 등의 용도로 활용해야 한다고 주장했다. 부족한 공간은 유치원 건물 옥상에 조립식 건물을 세워 강당, 분반공부반 등을 마련하면 될 것이라고 했다. 수세식 화장실 역시 해결해야 할 숙제라고 말했다. 김기태 장로는 1억5천만 원 정도의 예산을 들이면 당장의 어려운 부분은 해결할 수 있을 것 같다고 구체적으로 제시했다.

김기태 장로의 이 같은 제언은 이미 1989년의 기획위원회 세미나 등에서 구체적으로 논의됐던 성전의 증, 개축 또는 신축의 사명을 완수하려면 상당한 시간과 노력이 필요하다는 현실적 상황을 고려하여 나온 것이었다. 그동안이라도 옥천동예배당에서 하나님 사업을 제대로 수행하기 위한 고육지책 성격의 제안이었다. 많은 성도들이 공감했다.

이런 옥천동예배당의 현실적 상황은 춘천중앙교회로 하여금 보다 구체적으로 교회의 공간적 문제 해결에 나서는 촉매제로 작용했다.

또한 교회는 상징성과 효용성, 경제성이 있어야 한다고 생각하는 권오서 담임목사 역시 자신이 세운 목회 목표 중 하나인 미래비전을 실현하려면 반드시 교회가 부흥해야 하는데, 교회가 부흥하기 위해서는 우선적으로 공간적인 넉넉함이 뒤따라야 하기에 고민이 깊어졌다. 그러나 하나님께서는 준비한 그릇을 다 채워주시는 분이다. 그런데 이쯤에서 안주한다는 것은 용납할 수 없는 일이었다.

그는 곽철영 목사가 담임으로 있을 때 교회 건축문제에 대해 몇 차례 논의를 하였지만 실행하지 않고 후임자인 자신에게 넘긴 의미를 곰곰히 생각했다. 하나님께서 이 일을 하라고 자신을 춘천중앙교회의 담임으로 보낸 것이라고 생각했다. 그래서 그는 강력한 추진력과 우직한 리더십으로 교회 건축 문제를 보다 적극적으로 추진하기 시작했다.

성전 건축 문제의 공식 논의 시작

춘천중앙교회 100주년기념교회의 건축 대장정에서 공식적인 논의의 출발은 1988년 8월 14일부터 15일까지 오월기도원에서 열린 '춘천중앙교회 기획위원회 세미나'라고 할 수 있다. 기획위원회 세미나는 새 담임으로 부임한 권오서 목사의 제안으로 마련된 워크숍으로, 교회의 제반 문제를 목회자와 장로들이 함께 머리를 맞대고 논의하여 그 해결책을 찾아본다는 취지로 시작한 자리였다. 교회 건축 문제도 '시설관리분과연구과제' 분과토의의 공식안건으로 올려져 있었다.

"교우들의 정성으로 드려진 헌금으로 이루어진 재산을 효율적으로 관리하고, 최선을 다하여 운영에 적정을 기하고, 제반 수용에 따른 시설을 충족시켜 발전을 도모"한다는 교회의 시설관리의 의미에 충실하기 위한 고민들을 집약하는 분과토의였다.

권오서 담임목사가 부임한 이후 당시 춘천중앙교회의 교세는 눈에 띄게 증가하고 있었다. 그러나 교회의 부흥은 역설적으로 공간의 부족 문제를 더욱 심각하게 만들었다. 그럼에도 당시 기획위원들 대부분은 교세는 확장되고 있었지만 교회의 증, 개축 문제까지 논의할 단계는 아니라는 의견이 지배적이었다. 대신 기존의 교회 건물에 대한 보수, 보완책이 시급하다는 의견이었다.

교회 건축 문제가 보다 본격적으로 논의되기 시작한 것은 1989년 8월 14일부터 15일까지 이틀 동안 충북 제천의 광림백운수양관에서 열린 제2차 기획위원회 세미나에서였다. 이 세미나에서 '건물 및 설비분과'를 맡은 제1분과(위원장 안민 장로, 위원 심재환, 이기완, 이승오, 민병재, 곽부근, 장기호 장로)에서 교회 건축 문제를 다루었다.

〈중앙교회소식〉지 제4호(1989년 10월 8일자)에 실린 당시 기획위원회 세미나 관련 기사에 따르면 "교회의 성장은 영적 성장과 질적 성장 그리고 성도 수의 증가와 함께 이루어져야 하며, 이를 위해서는 수용할 수 있는 공간이 무엇보다도 필요"하다. 그러므로 "현재의 아폴로식 철근콘크리트 건물보다는 시대에 알맞은 현대식 교회건물이 절실하다. 무엇보다도 100주년기념사업으로 새로운 성전을 건축하여 지역복음화에 앞장서야 한다."는 의견이 제시됐다.

당시 춘천중앙교회 옥천동예배당은 수용능력이 800명밖에 되지 않아 강원도 모교회로서 하나님의 말씀을 전파하는데 한계가 있다는 지적이 있어왔다.

이런 상황을 감안하여 분과토의에서 이승오 장로는 '교회 대지 확장 계획 및 건축 예정안'을 발표했다. 옥천동예배당을 증축하는 것과 쥬디기념관을 연결하여 증축하는 것, 또는 옥천동예배당 부지에 새로 짓는 방법 등 모두 3개의 안이 제시됐다. 이날 발표한 안을 보다 구체적으로 살펴보자.

제1안은 기존 옥천동예배당 자리에 확장 신축하는 안이었다.

당시 옥천동예배당 부지 상황은 기존의 3필지 1,055평과 1989년에 1필지 73평을 매입하여 모두 1,128평 규모인데, 계획 집행 시까지 4필지 179평을 추가 매입(예상비용 1억7천900만 원)할 예정이라고 밝혔다. 이렇게 되면 교회 부지는 모두 8필지에 1,307평으로 늘어나게 된다. 이렇게 부지가 확장되면 지하 1층 지상 3층 규모의 교회를 지을 수 있다. 지상 1층은 272평으로 차고통로와 교육관을, 2층은 326.7평으로 로비와 예배실, 강당을, 3층은 163평으로 로비와 자모실, 예배실을 배치하는 한편 지하 1층 271평에는 차고 및 대피소로 활용할 수 있도록 지을 수 있고, 공사비는 9억3천여만 원이 소요될 것으로 계획했다. 따라서 부지 추가 확보비용을 포함한 총공사비용은 11억1천여만이 필요하다. 이 경우 2, 3층의 예배실이 모두 487.7평으로 확대되어 예배수용인원이 2,448명으로 늘어난다.

제2안은 종합예배당이 건축되기까지 쥬디기념관 5층을 증축하고 또 음향시설을 설치한 별실로 꾸며 사용하자는 안이 제시됐다. 59평에 350명을 수용할 수 있는 규모의 별실 설치비용은 4천여만 원으로 추정됐다.

제3안은 옥천동예배당을 증축하는 안이었다.

기존 예배당의 동서남북 4방향으로 각각 5m씩 늘릴 경우 사방이 각각 5.67평씩 공간이 늘어나 모두 22.68평이 늘어난다. 따라서 1, 2층을 증축하면 모두 45.36평의 공간이 확대되는 효과가 있다. 이럴 경우 지상으로부터 기초와 기둥을 부설하려면 기존 건축물에 연결하여야 하고 또 연단을 투시할 수 있도록 기존의 철근콘크리트 구조물을 제거하여야 하는 문제가 있어 공사의 어려움이 예상됐다. 누수 방지를 위한 시공에도 어려움이 따를 것으로 보였다. 왼쪽 부분은 대지가 좁아 일부 대지를 구입해야 한다. 이럴 경우 공사비는 5천4백여만 원, 대지(75평)구입비 9천만 원 등 1억4천5백만 원이 소요될 것으로 보였다. 이 난제를 잘 극복하면 계단이나 복도와 같은 시설, 공간들이 이미 설치돼 있는 상황이어서 공유면적으로 공제되는 공간이 없어서 늘어난 공간 전체를 고스란히 예배당으로 활용할 수 있는 장점이 있다. 그러면 증가된 공간에는 찬양대석과 기도실을 꾸밀 수 있고, 170~180명을 수용할 수 있는 공간이 될 것이었다.

현 건물을 유지한다는 조건 아래 증축을 할 경우 현 건물 유지를 위한 대책도 함께 강구되어야 했다. 우선 본관 예배당 건물과 교육관 지붕에 대한 도색이 시급했다. 도색만 할 경우 330만원의 비용이 들어간다. 교육관 지붕을 교체한다면 180만원이 추가 소요된다. 아울러 교회의 입간판과 조경에도 일부 비용을 투입하여 다시 정비해야 한다고 제안했다.

이승오 장로의 발표가 끝나고 질의응답 시간에 다양한 의견이 개진됐다. "새 예배당은 믿음의 반석이 되도록 2,500명을 수용할 수 있는 예배실을 갖추어야 하고, 교인 수가 날로 증가하고 있고, 건물 자체도 수리 및 증, 개축할 부분이 많아 새 성전 건축은 선택이 아니라 필수의 문제"로 대두됐다. 따라서 "현 위치의 건물을 매각(매각가격 25억 원 정도로 추정)하고 제3의 장소로 이전, 신축하는 방안도 검토되었으나 현 위치의 역사성으로 볼 때 용이한 문제가 아니라 계속 검토해야 할 사안"이었다. 또 "현재의 위치는 교통이 불편하고 부지가 협소한 데다가 새 성전을 건축할 수 있을지에 대한 의문도 있었"지만 "현재의 건물에 미련을 갖지 않고 새 성전을 지을 수 있다면 지하와 지상으로 충분한 면적이 확보될 것이므로 어려움이 별로 없을 것"이라는 의견이 있었다. 이날 회의에서는 다음과 같이 결론을 도출하였다.

△ 현 위치를 중심으로 장기 발전계획을 수립하기로 한다.
· 100주년 기념사업으로 교회를 건축하기로 한다.
· 단 환경이 조성되면 새로운 교회 부지 매입도 검토하기로 한다.

△ 교회 건축 시 교회 내 모든 시설물에 애착을 두지 않기로 한다.

△ 가능하면 현 교회 주변의 새로운 대지를 구입하되 현 예배당은 근본적으로 수리하지 않는다.

△ 교회 도색 및 현실 유지를 위한 것은 관리부에서 판단, 경상비로 수리하기로 한다.

△ 현 자모실은 비좁아 자모 예배에 어려움이 있으므로 사무실에서 판단, 빠른 시간 내에 유치원과 협의 이전하기로 한다.

그리고 다음날 있었던 종합토론에서는 '100주년기념교회 건립 계획'에 대한 의견이 다음과 같이 제시됐다.

△ 새로운 부지를 물색하는 것과 현 부지 위에 건축하는 것을 병행 검토한다. 단 장기발전계획은 현 위치에 건축하는 것으로 계획서를 작성하기로 한다.

△ 신앙적인 면에서 기도하고 건축하며 헌금하기로 한다.

△ '교회창립100주년사업'의 기념예배당 건립 추진 준비위원회를 구성하고, 준비위원은 제1분과 위원으로 하며, 9월 중에 계획서를 기획위원회에 제출하기로 한다.

△ 현 위치에 건축할 시 기존 모든 시설물에 애착을 두지 않기로 하다.

△ 기타 문제는 제1분과 발표 시 토의되고 결정된 사항을 참고하기로 한다.

옥천동예배당 건축 이야기

 춘천중앙교회의 옥천동예배당은 그동안 감리교단 선교부 등의 지원으로 교회가 지어졌던 과거와 달리 순수하게 목회자들과 성도들의 힘으로 지은 첫 교회라는 점에서 남다른 의미가 있었다.

 한국전쟁은 누구에게나 그랬겠지만 춘천중앙교회에게는 큰 불행이었다. 춘천시 요선동에 자리 잡고 있던 교회가 불타 없어졌던 것이다. 믿음이 깊은 성도라면 교회가 없더라도 나름대로의 신앙생활을 할 수 있었겠지만 이제 막 신앙생활을 시작한 성도이거나 교회에 다니기는 오래됐지만 여전히 믿음이 약한 성도인 경우에는 성도들이 모여 함께 예배드릴 교회가 없다는 것은 매우 난감할 수밖에 없다. 당시만 해도 교회를 다니는 성도가 그렇게 많지도 않았거니와 기독교인에 대한 사회적 시선이 그다지 호의적이지 않은 상황이라 교회가 없다면 신앙생활을 영위하기가 매우 어려웠다. 그런 시대적 상황에서 교회가 불타 없어졌으니 춘천중앙교회의 상실감은 여간 큰 것이 아니었다.

 춘천중앙교회는 그래서 더욱더 당장 예배를 드릴 예배당이 필요했다. 그러나 막막했다. 온 나라가 전쟁으로 폐허가 되었고 먹고사는 문제마저

춘천중앙교회 허문리(요선동)예배당이 있던 자리.

위협 받는 심각한 상황에서 교회를 마련한다는 것은 언감생심이었다. 하지만 하나님은 그냥 계시지 않았다. 춘천시 옥천동에 1층만 남아있던 감리교선교부병원을 교회로 주셨다. 춘천중앙교회의 목회자와 성도들에게 큰 축복이 내려진 것이다. 춘천중앙교회는 선교부의 복구비 보조와 자체 헌금을 포함하여 600만 원을 들여 2층짜리 고딕식 병원건물의 내부를 개조하여 예배당으로 사용했다. 이렇게 춘천중앙교회의 옥천동예배당 시대는 1955년에 열렸다.

춘천중앙교회의 교회 건축의 역사는 리덕수 전도사가 춘천으로 파송 와서 당시 이동리(현 봉의동)에 초가 5칸을 구입하여 예배당으로 사용하면서부터 시작됐다. 1908년 대판리(현 조양동)에 48칸 양옥 예배당을 건축하여 이전하면서 점점 교세가 확장되었다. 1925년경에는 허문리(현 요선동)에 예배당을 2층으로 건축하여 이전했다가 1950년 한국전쟁 때 완전

달 착륙 우주선 아폴로 11호를 닮은 옥천동예배당 조감도.

히 불타 없어진다. 춘천중앙교회는 쉼 없는 복음 전파의 사명을 다하기 위해 어려움 속에서도 1951년 옥천동에 천막을 치고 임시예배당을 운영하다 하나님의 은혜를 입어 마침내 옥천동예배당을 마련하게 된 것이다.

이후 춘천중앙교회의 옥천동예배당은 선교관을 겸한 쥬디기념관까지 지어지면서 본당과 상호보완적인 역할을 하며 교회를 부흥시키는데 절대적인 역할을 했다. 춘천중앙교회가 옥천동에 다시 문을 열던 당시의 교인 수는 500명 수준이었다. 그러나 10년새 1천 명 수준으로 두 배 이상 늘었다. 〈춘천중앙교회 주보〉 1970년 1월 4일자에 기록된 당시 총 교인 수를 보면, 1964년에 9백여 명(그 중 장년 6백여 명)이던 것이 1970년에 1,038명(그 중 장년 764명)으로 1천 명을 돌파한 이후 계속적인 증가세를

1970년 3월 10일 옥천동예배당 착공예배 장면.

보여 1972년에는 313세대에 1,234명으로 늘어났다. 교회의 부흥에 따라 교회의 공간은 점점 포화상태가 되어 가고 있었다. 옥천동예배당도 날로 부흥하는 춘천중앙교회의 교세를 모두 감당할 수 있을 만큼 여유로운 공간이 아니었던 것이다. 옛 감리교선교부병원 건물을 리모델링할 때 향후 교세를 감안한 리모델링이라기보다는 이미 지어져 있는 건물의 활용 차원에서 한 리모델링이었기 때문에 한계가 있을 수밖에 없었다.

교회 내부에서는 자연스럽게 보다 넓은 예배당의 필요성이 제기되기 시작했다. 공간 부족 문제를 해결하는 현실적 대안은 교회를 새로 건축하는 것이라는 데로 의견이 모아지고 있었다. 그리하여 춘천중앙교회는 옥천동예배당 자리에 교회를 신축하기로 결정했다.

옥천동예배당 건축은 1965년 11월 예배당 뒷면의 땅을 구입하여 새 교

아폴로교회 건축 공사 장면.

회부지에 편입하면서 시작했다. 춘천중앙교회는 당시 예배당 뒷면의 땅 400여 평을 120만 원에 구입했다. 이 부지는 옥천동예배당 위쪽에 있던 남감리교회 선교부가 소유하고 있던 부지의 일부였다. 그리고 1966년 10월 이 부지에서 '교회창립60주년자축예배'(교회창립년도를 1905년으로 계산한 것임. 후에 1898년으로 수정됨)를 가졌다.

하지만 곧바로 건축에 들어가지는 못했다. 부지는 마련돼 있었지만 상당한 비용이 소요되는 건축비가 문제였던 것이다. 춘천중앙교회 성도들은 기회가 있을 때마다 기도했다. 하나님께 하나님의 집을 지을 수 있는 은혜를 달라고 매달렸다. 그 결과 부지를 구입한 지 4년의 세월이 흐른 1969년에 이르러서야 드디어 하나님의 집을 지을 수 있게 되었다.

1969년 3월 춘천중앙교회는 성전건축추진위원회를 결성하였다. 성전 건축위원회는 김병선 장로를 위원장으로 하고, 김지철 · 여선동 · 손진대 · 조보안 · 박용훈 · 김인원 · 한석희 · 이덕신 · 윤명선 · 심재환 · 박태준 · 쥬디 · 쥬진주 등으로 구성됐다.

교회 설계는 1969년 말 육군본부 군종센터를 설계하였던 건축가 김석재 씨가 맡았다. 새 성전은 '지하 1층 지상 3층(건평 245평) 규모의 철근콘크리트 건물'로 설계 되었다. 특히 성전의 외형이 눈길을 끌었다. 김석재 건축사는 "교회의 세계성과 한국성을 동시에 살린다"는 취지와 "세상의 빛을 알린다"는 성도들의 염원을 담는다는 구상이었다. 그는 예배당 하면 으레 채용하던 고딕양식을 과감하게 피하고 조각 작품 같은 초현대적 건축 양식을 도입해 설계했다. 그 결과 십자가와 등대를 상징하는 디자인으로, 당시 막 성공하여 세계적인 화제를 몰고 온(1969년 7월), 최초로 인간을 달에 착륙시킨 '아폴로 11호 우주선'을 닮은 외형이 만들어졌다. 그래서 사람들은 새 성전을 '아폴로교회'라고 부르기도 했다.

당시까지 춘천중앙교회는 선교부의 지원으로 예배당을 마련해왔다. 선교부의 지원은 여의치 않았다. 게다가 부지를 마련하고도 4년이나 착공하지 못하던 숙원을 그냥 그대로 방치한다는 것도 춘천중앙교회 목회자와 성도들의 자존심이 허락하지 않았다. 이번에는 외부의 도움을 받지 않고 춘천중앙교회 성도 자신들의 손과 발로 짓기로 결의하고, 1969년 6월부터 본격적으로 건축헌금을 시작하였다. 그리고 착공한 지 3년 만에 성전 건축을 마무리하고 1972년 7월 21일 봉헌예배를 드릴 수 있었다.

새 성전은 완공하자마자 특이한 외형으로 인해 춘천의 명물로 등장하였음은 물론이거니와 경향각지에서 견학하러 오는 사람들이 많았다. 건축가들도 "도전적이고 새로운 양식의 예배당"이라고 평가했다. 다만 건축에 대한 이해가 부족하거나 고정관념을 과감하게 깨는 좀 과하다 싶은 현

ㄱ 자 형태의 예배당.

대적 외형 때문에 "짓다 만 교회"라는 촌평도 오갔다고 한다. 이런 아폴로
교회는 여러 가지 의미 있는 일들이 일어나는 역사의 현장으로 기능했다.

우선 1972년 3월 기독교대한감리회 동부연회의 제23회 연회가 열리는
현장이 되었다. 춘천중앙교회에서 동부연회가 개최된 것은 1933년 4월
제3회 연회가 허문리(요선동) 교회에서 개최된 지 40년만의 쾌거였다. 당
시 춘천중앙교회는 한국전쟁 동안 교회가 불타는 등 시련을 겪으면서 강
원도 모교회는 물론 동부연회의 거점교회로서의 그 역할과 사명을 다하
지 못하고 있었다. 1972년 연회를 성공적으로 치룸으로써 춘천중앙교회
는 다시금 동부연회의 거점 교회는 물론이거니와 강원도와 춘천의 모교
회라는 역사성과 사명감을 회복하기에 충분했다.

이런 가운데 춘천중앙교회는 장차 교회의 주인공으로 성장할 아이들

에게 신앙심을 심어주는 한편 그리스도인으로서 바르게 자라도록 하는 교육의 필요성을 절감하던 차 새 성전의 건축으로 이런 염원도 해결할 수 있었다. 예배당으로 사용하던 2층짜리 벽돌 예배당 건물을 교육관으로 활용하기로 한 것이다. 쾌적하고 넓은 공간에서 아이들은 맘껏 하나님 공부를 하면서 춘천중앙교회가 원하는 신앙인으로 성장할 수 있게 된 것이었다.

이런 춘천중앙교회의 건축운동은 계속 이어져 1973년 8월에는 150만원을 들여 부목사관을 건축하는 한편 목사관 응접실 공사까지 진행했다.

이후 옥천동예배당은 복음화의 산실로 기능하며 춘천중앙교회의 부흥을 견인해왔다. 하지만 여러 가지로 변화와 부흥이 계속되면서 그때그때 수리 및 보완작업이 요구되었다. 특히 1990년 3월에는 예배당의 제단형태를 바꾸었다. 교회의 역할 중 가장 중요한 일인 예배를 드릴 때 여호와의 이름에 합당한 영광을 돌리는 분위기를 만드는 것은 매우 중요하다. 그런데 옥천동예배당 제단은 한계가 있었다. 이에 평면으로 된 강단을 설교단과 사회단으로 구분하여 시설하였고, 정면 중앙에 십자가를 향하는 길을 마련하였으며, 십자가 앞에는 성경을 펴놓고 양 옆에 촛불을 켰다. 이에 맞추어 예배순서도 바꾸었으며 조명시설도 새로 설치하여 엄숙하고도 아늑한 분위기에서 은혜로운 예배를 드리게 되었고, 교회에서 필요한 각종 기자재도 마련하였다. 이 작업은 많은 교우들의 헌금으로 이루어졌다.

담임목사의 목회철학

권오서 담임목사는 목회의 목표를 춘천중앙교회의 역사성을 계승하면서도 미래의 비전을 실현하는 것으로 삼았다. 그가 세운 이 목표를 실현하기 위해서는 여러 가지 인프라가 구축되어야 하는데, 그 중에서도 공간적 의미의 교회의 역할과 기능은 거의 절대적이라 할 수 있다. 그런 점에서 옥천동예배당은 그의 목회 철학을 구현하는데는 한계가 있었다.

그래서 그는 내심 교회의 건축을 가장 중요한 과제로 생각했다. 하나님이 자신처럼 우직한 사람을 춘천중앙교회에 담임목사로 보낸 것은 바로 교회 건축의 미션을 수행하라는 것으로 받아들였다.

하지만 그는 춘천중앙교회에 처음 부임하자마자 성전 건축 문제부터 꺼낼 수는 없었다. 왠지 부담스러웠기 때문이다. 그는 장로들이나 성도들 몰래 혼자서 이 문제를 어떻게 하면 해결할 수 있을지에 대해 궁리에 궁리를 거듭하며 기도했다. 이 일은 혼자서 백번 궁리해도 장로와 성도들의 적극적인 합심 없이는 이룰 수 없는 버거운 일이라는 생각이 미치자 그는 우선 1988년 기획위원회 세미나를 통해 이 문제를 처음으로 공론화했다. 하지만 더 이상의 진전은 없었다. 그렇다고 마냥 이 문제를 놓고 뭉그적거릴 수만도 없었다. 이에 권오서 담임목사는 1989년 기획위원회 세미나에서 다시 이 문제를 논의하는 등 한 단계 한 단계 논의를 진전시켰다. 이후에도 수차례 논의를 거듭하였고, 결국 새 성전을 건축하기로 의견을 모으게 되었다.

그렇다면 어떤 교회를 지어야 할까? 여기에는 여러 가지 의견이 있겠지만 가장 중요한 것은 성도들의 신앙관이 반영되고, 또 담임목사의 목회철학을 구현할 수 있는 전당이어야 한다는 데는 이견이 없을 것이다.

하나님이 거하시는 곳인 교회는 성도들이 하나님을 만나는 장소로, 성도들의 신앙관을 형성하는데 결정적인 역할을 하기 때문이다. 성도들의 신앙관은 또한 교회를 시무하는 담임목사의 목회철학이 고스란히 스며들게 마련이기 때문이다.

권오서 담임목사는 자신의 목회철학이 성도들과의 교감을 통해 형성되고 구현되어야 한다는 입장이었다. 그래서 그는 100주년기념교회를 건축하면서 담임목사의 목회철학이라는 이름 아래 담임목사의 생각을 일방적으로 관철시키는 그런 편협한 방식으로는 진정한 하나님의 집을 지을 수 없다고 생각했다. 그는 아무리 사소한 일이라도 장로회를 비롯한 교회의 관련 임원들이나 성도들의 자발적인 제안과 의견수렴 과정을 거쳐서 행한다. 더욱이 성전 건축 문제는 춘천중앙교회 100년사에서 몇 안 되는 가장 중요한 일 중의 하나이기 때문에 한두 사람의 생각으로 할 수 있는 일이 더더욱 아니기 때문이었다.

그렇다면 권오서 담임목사의 목회철학이 무엇인지부터 알아보자.

그는 1992년 2월 16일자 〈춘천중앙교회〉지에 기고한 '이달의 말씀'을 통해 '교회란 무엇인지'에 대한 자신의 생각을 피력한 바 있다.

그는 우리 주위를 둘러보면 많은 교회들이 있지만 "이 땅의 교회들이

1992년 2월 16일자 〈춘천중앙교회〉지에 실린 권오서 담임목사의 '이달의 말씀'.

모두 교회다운가?"라고 반문하면서 "그렇다"고 할 수 있는 교회가 그렇게 많지 않다고 말했다. 그것은 교회가 세속적인 물질주의와 너무 쉽게 타협했기 때문이라고 했다. 그는 하나님이 원하시는 진정한 교회는 어떤 교회인지에 대해 성서 속에 나타난 참된 교회의 개념 세 가지로 설명했다.

첫째, 하나님의 부르심에 응답한 공동체로서의 교회이다.

이 말 속에는 세 가지 뜻이 있다. △교회는 하나님의 것이며 △그 목적은 하나님의 사랑을 알리는 것이며 △그 교회는 바로 사람들의 공동체라는 것이다.

교회의 이 모습들은 하나님께서 아브라함을 선택하시는 모습(창

12:1~2)에서 찾아볼 수 있다. 교회는 사람들의 의지만으로 세워진 것이 아니라, 하나님의 부르심에 대해 순종하고 응답한 결단에 의해 세워진 것이며, 하나님의 부름심이 먼저 있었다. 하나님이 이스라엘 백성들을 부르신 것은 단지 그들을 사랑하셨기 때문(신 7:7~8)이다. 이것은 하나님이 이스라엘만 사랑받게 하시려고 부르신 것이 아니다. 그들에게 온 땅의 제사장 노릇을 할 사명(출 19:5~6)을 주시려고 부르신 것이다. 이스라엘 백성에게는 온 땅의 사람들에게 하나님의 아름다운 덕을 선포할 사명이 있었던 것이다(벧전 2:9). 또한 처음부터 하나님의 관심은 한 개인에게만 있지는 않았다. 그래서 하나님은 아브라함에게 큰 민족을 이루게 할 계획(창 12:2)을 가지고 계셨던 것이다. 교회는 하나님의 사랑을 온 땅에 전하게 하려는 하나님의 부르심에 응답한 사람들의 모임이다.

둘째, 그리스도의 몸으로서의 교회이다.

• **그리스도는 교회의 머리요, 교회는 그리스도의 몸** = 이 말은 교회가 하나님의 것이라는 의미다. 교회가 그리스도의 몸이라는 것이 중요한 것이 아니라, 그리스도가 교회의 머리라는 것이 중요하다. 그리스도는 교회의 신랑이요, 성전 건물의 모퉁이 돌처럼 교회의 주님이 된다.

• **합하여 선을 이룸** = 고린도전서 12장에서 사도 바울이 교회의 여러 기능을 이야기하는 것은 교회의 여러 모습을 이야기하려는 것이 아니라 오히려 그 다양한 모습들이 하나로 일치되는 교회의 유기체적인 일치를 강조하기 위한 것이다. 그리스도의 몸인 교회의 각 지체가 필요한 것은 각자 여러 가지 일을 하기 위해서가 아니라 합하여 선을 이루기 위해서이다.

• **그리스도의 손과 발** = 교회가 그리스도의 몸이라는 것은 머리 되시는 그리스도의 뜻을 직접 행하는 도구라는 것을 의미한다. 그리스도가 사람

의 몸을 입고 이 땅에 와서 행하셨던 일들을 이제 우리가 하여야 한다. 제자들의 발을 씻으셨던 손, 하나님의 뜻을 따라 죽음을 향해 담대히 나아가셨던 발, 영혼의 신음소리를 들으셨던 귀와 하나님의 나라를 선포했던 입의 사명을 이 땅의 교회와 교회의 지체된 우리가 다하여야 할 것이다.

• 살아있는 교회 = 교회는 살아있는 유기체이지 굳어버린 조직체가 아니다. 교회는 결코 늙거나 성장을 멈춘 채 죽어버려서는 안 된다. 복음 자체는 변하지 않지만 그것을 전하는 방법은 항상 변해왔고, 또 변해야 한다. 머리 되신 그리스도는 몸 된 교회에게 끊임없는 갱신과 성장을 명령하고 계신 것이다.

셋째, 구속적인 사랑을 나누는 교회이다.

구속적인 사랑이란 구원의 기쁨 안에서 이루어지는 사랑이다. 교회는 구원 받는 자들의 모임이 아니라, 구원을 받아가는 사람들의 모임이다. 우리는 이런 구속적인 사랑을 통하여 서로 믿음의 격려를 얻게 된다(롬 1:11~12). 이런 사랑의 표현은 전도에서 나타난다. 왜냐 하면 기독교의 사랑은 자기의 구속적 경험을 나누는 것이기 때문이다.

또한 권오서 담임목사는 '교회는 왜 존재해야 하는지'에 대해서도 자세하게 설명했다.

많은 사람들이 교회의 사명과 역할에 대하여 말한다. 그 사명과 역할은 성경 속에서나 있을 뿐 일상생활과는 동떨어진 것이기 일쑤다. 또 사람들이 교회는 좋은 일을 하는 단체쯤으로 여기는 것도 현실이다. 그렇다면 춘천중앙교회 성도라면 적어도 교회의 역할과 사명에 대해서만큼은 한 번쯤 짚어보는 것은 남다른 의미를 지닌다. 지금 100주년기념교회를 지어야 하는 절체절명의 사명이 앞에 있기 때문이기도 하거니와 새로 시작될 또 다른 100년이란 울울창창한 역사를 만들어내야 하는 진정한 신앙인으로서의 역할이 있기 때문이다. 권오서 담임목사는 성경에서 말하는 **진정한 교회의 사명**에 대해서 이렇게 설명했다.

첫째, 하나님을 위해 존재한다.

하나님께서 우리를 창조하신 것은 자기 이름을 위해 사람으로 하여금 그의 이름에 합당한 영광을 돌리도록 하기 위해서이다(사 43:7). 그래서 우리는 마땅히 하나님께 합당한 예배를 드려야 한다. 이것은 어떤 이유를 제시하거나 설득할 성질의 것이 아니다. 이것은 우리를 창조하신 분이 우리를 창조하신 목적이다. 이 목적을 잊어버린다면 이미 죽은 것과 다름이 없는 것이다. 그의 이름에 합당한 예배는 바로 우리의 신령과 진정으로 드리는 예배이다(요 4:24). 신령과 진정으로 예배드리는 것이 성도와 교회의 첫 번째 존재 목적인 것이다.

둘째, 세상을 위해 존재한다.

"너희는 가서 모든 민족을 제자로 삼아 아버지와 아들과 성령의 이름으로 세례를 베풀고 내가 너희에게 분부한 모든 것을 가르쳐 지키게 하라."(마 28:19~20)

우리는 예배를 위해 부름을 받은 것뿐만 아니라 다시 세상으로 보냄을 받았다. 우리를 부르신 것은 다시 세상으로 보내기 위해서이다. 이것은 주님이 우리에게 명령하신 가장 마지막 명령이다. 그리고 가장 중요하고 가장 크고 가장 강력한 명령이다. 이 명령은 하나님의 나라가 올 때까지 계속된다(마 24:14). 또 성도는 단 한 사람도 이 명령에서 제외될 수 없다.

온 교회의 온 교우들이 교역자 임원 평신도를 막론하고 이 사명을 감당해야 한다. 성령이 교회에게 주신 가장 첫 번째 은사는 방언의 은사였다. 그리고 방언의 은사를 주신 까닭은 각 나라 사람들의 말로 복음을 증거 하도록 하기 위한 것이었다(행 2:1~13). 이 말씀은 성령의 첫 번째 관심사가 바로 복음의 증거였다는 것을 보여주고 있다. 독일의 저명한 신학자 에밀 부르너(Emil Brunner)는 이렇게 말했다.

"선교하지 않는 교회는 교회가 아니다."

셋째, 교회 자체를 위해서 존재해야 한다.

사도 바울은 그가 에베소 교회에 보낸 편지에서 '교회는 자라야 하고 성도는 그리스도의 충만에 이르도록 성숙해야 하며 교회와 성도는 그리스도를 닮아야 한다.'(엡 4:11~15)고 말한다. 이 말은 교회가 교회다워져야 한다는 말이다. 교회가 올바른 예배를 드리는 것도 끊임없이 전도하고자 하는 것도 바로 교회가 교회다워지기 위해서이다. 교회가 끊임없이 성장하고 성도들의 신앙이 나날이 성숙해지는 것 그래서 머리 되신 그리스도를 닮아가는 것이야말로 교회가 교회다워지는 일일 것이다.

무엇이 이 일을 가능하게 하는가? 바로 부단한 교육과 훈련이다. 가끔 우리가 부러워하는 여러 교회들은 하루아침에 이루어진 것이 아니다. 성도들과 교역자들이 끊임없이 교육하고 훈련하는 가운데 지금의 모습을 이룬 것이다. 훈련받지 않고는 진정한 예배를 드릴 수 없다. 훈련 없이 사명감만 가지고는 전도하기 힘들다. 끊임없는 교육과 훈련만이 교회의 성도를 그리스도의 충만에까지 이르게 할 수 있는 것이다. 겸허하게 모든 훈련과 교육에 땀 흘리며 참여하는 성도만이 능력 있는 주의 백성, 백성다운 백성, 세상을 이기는 승리의 성도가 될 수 있음을 믿어야 한다.

담임목사가 구상하는 새 성전

신앙생활에서 예배와 전도, 훈련 이 세 가지는 전혀 별개의 것들이 아니다. 교회는 하나님과 세상, 그리고 교회 자체를 위해서 존재하기 때문이다. 그렇다면 교회가 교회다운 교회로 뚜렷한 존재의 목적을 가진 교회로 새롭게 태어나도록 하기 위해서는 춘천중앙교회가 지향해야 할 새 성전은 어떠해야 할까?

1990년 4월 1일 주일예배에서 권오서 담임목사는 '무너진 성전'이라는 제목의 설교를 통해 어떤 자세로 성전 건축에 임해야 하는지를 피력한 바 있다. 그는 누가복음 21장 5~6절 말씀을 인용하며 이렇게 설명했다.

"어떤 사람들이 성전을 가리켜 그 아름다운 돌과 헌물로 꾸민 것을 말하매 예수께서 이르시되 너희 보는 이것들이 날이 이르면 돌 하나도 돌 위에 남지 않고 다 무너뜨려지리라"

이 구절을 놓고 권오서 담임목사는 "예수님의 종말에 대한 직접적인 말씀은 예루살렘 성전 파괴의 말씀이었다."면서 "예루살렘 성전은 세 번째 성전으로, 발굴 결과 그 모습이 웅장했다."고 했다. 그런데 웅장했지만 무너진 이유가 무엇일까? 여기에 대해 그는 세 가지 이유를 들었다.

첫째, 불법의 손으로 지은 성전이기 때문이다.
둘째, 하나님을 사랑하는 마음이 없었기 때문이다.
셋째, 겉과 속이 달랐기 때문이다.

성전을 짓는다는 것은 "하나님께 인정받고 사랑 받는 신앙인이 되는 과정"이다. 따라서 춘천중앙교회는 100주년기념교회를 이런 마음과 자세로 지어야 한다는 것을 강조한 것이다.

또한 권오서 담임목사는 솔로몬이 성전을 짓고 그 성전을 하나님께 봉헌할 때 있었던 일들이 기록되어 있는 '역대하 7장'을 인용하여 신앙생활이 성전 중심으로 이루어져야 함을 강조했다. 그 이유는 세 가지였다.

첫째, 솔로몬이 지은 성전에는 여호와의 영광이 가득했다.

'역대하 7장 1~3절'에 보면 솔로몬이 성전을 봉헌하는 기도를 마치자 하늘에서 불이 내려와 제단의 제물들을 모두 태우고 여호와의 영광이 그 성전에 가득하였는데, 그 영광이 얼마나 충만하였던지 제사장들조차 성전에 들어갈 수가 없었다. 백성들은 그 영광을 보고 땅에 엎드려 하나님께 경배하였다. 성전이 거룩할 수 있는 것은 그곳에 하나님이 임재해 계시기 때문이다. 성전에서는 오직 하나님만이 영광을 받으셔야 한다. 사람이 영광을 받거나 받으려 해서는 안 된다. 그것은 성전을 성전답지 못하게 만드는 일이다. 성전에서 사람이 할 일은 땅에 엎드려 하나님께 경배하는 일이다. 성전에서 오직 하나님께만 영광 돌리는 일, 그리하여 성전에 하나님의 영광이 가득하게 하는 것이 바로 성전 중심의 신앙생활이다.

둘째, 성전은 기쁨과 즐거움을 얻는 곳이다.

'역대하 7장 9~10절'을 보면, 이레 동안 봉헌식을 거행하고, 제8일째부터 다시 이레 동안 초막절 절기를 지킨 후에 솔로몬이 백성들을 그 장막으로 돌려보낸다. 그런데 백성들은 돌아가면서 다윗과 솔로몬과 이스라엘에게 베푸신 하나님의 은혜로 인하여 기뻐하며 마음에 즐거워하였다고 기록되어 있다. 성전에 왔다가 돌아가는 성도들의 마음에는 기쁨과 즐거움이 있어야 한다. 성전에 들어올 때는 근심과 괴로움으로 들어왔을지라도 그 문을 나설 때에는 얼굴에 즐거운 미소가 있어야 한다. 그 즐거움은 인간적인 이유뿐만 아니라 우리에게 베푸신 하나님의 은혜에 대한 감사함 때문이어야 한다. 성전에 올 때마다 우리에게 베푸신 하나님의 은혜를 기억하며 감격하고 기뻐하는 삶이 바로 성전 중심의 신앙생활이다.

셋째, 성전은 기도의 응답이 약속된 곳이다.

'역대하 7장 15~16절'에서는 하나님께서 '이곳'에서 하는 기도에 귀를 기울이시고 하나님의 눈과 마음이 항상 '여기'에 있으리라고 약속하셨다. '이곳'과 '여기'는 바로 성전을 말한다. 물론 기도는 어떤 특정한 장소에서만 하도록 정해진 것은 아니다. 그러나 성도들은 성전에서 기도하기를 사모해야 한다. 왜냐하면 기도란 공허하게 내뱉는 독백이 아니라 응답을 구하는 것이고, 하나님께서는 성전에서 하는 기도에 응답하시겠다고 약속하셨기 때문이다. 그래서 예수님은 '마가복음 11장 17절'에서 "내 집은 만민이 기도하는 집이라"고 하신 하나님의 말씀을 상기시켜 준다.

따라서 성전 중심의 신앙생활을 하는 성도들은 하나님의 눈과 귀가 늘 열려있는 성전에서 기도하기를 사모함으로써 하나님이 약속하신 기도의 응답을 받는다.

또 그는 1994년 4월 10일 자 〈춘천중앙교회〉지와 인터뷰에서 새로 지어질 성전에 대한 자신의 구상을 밝혔다. 그는 우선 왜 새 성전을 지어야 하는지에 대한 배경부터 설명했다. 그는 당시 옥천동예배당 건물이 신앙생활을 하고 훈련하기에는 많은 공간적 문제점들이 있었다고 전제하고는 예배와 훈련, 친교를 위한 공간이 협소해서 교회다운 기능을 하는데 여러 가지 한계가 있음을 절감했다고 했다. 교파를 초월하여 강원도의 모교회로서 그 역할과 사명을 다하기 위해서라도 교회가 빨리 건축되어 교회다운 기능을 다해야겠다고 생각했다. 그래서 그는 새로 지어지는 교회는 이런 모습이기를 기대하였다.

"새 성전은 단순한 개체교회가 아니라 지역과 사회를 위한 기독교의 상징적인 교회로 세워져야 한다고 생각합니다. 좋은 자연환경을 살릴 수 있다면 한껏 살리는 것은 당연합니다. 우리 교회는 단순한 예배 기능을 넘어서서 지역사회와 교계를 위해 기여할 수 있는 여러 가지 복합적인 시설도 갖추어야 할 것입니다. 예를 들자면, 노인들을 위한 경로시설, 부부 직장인들을 위한 탁아시설, 그리고 기타 지역사회가 활용할 수 있는 공간을 제공하는 일에도 관심을 가지고 있습니다."

성전 건축의 세 가지 원칙

"성전은 설계도와 돈만 있으면 짓는 것이 아니다."

이 말은 누구나 공감한다. 하나님께 예배드리는 곳인 성전을 지을 때 신앙심이 앞서야 함을 강조한 말이다. 그래서 춘천중앙교회 권오서 담임목사는 보이는 성전 이전에 마음의 성전을 그리며 기도로 준비하자고 말했다. 또한 100주년기념교회를 건축한다면 한동안은 성전 건축을 생각하지 않아도 될 정도의 완벽한 건축이 되어야 한다고 강조했다. 그러면서 그는 100주년기념성전 건축이 우리 생애에 하나님이 주신 마지막 기회요 사명인 줄 알고 기도와 사랑과 물질로 준비해야 한다고 강조했다. 우리에게 그런 신앙의 준비가 있을 때 성전 건축은 이루어진다고 그는 확신했다.

그는 누가복음 18장 1~8절에 나오는 '불의한 재판관과 끈질긴 과부'의 비유를 들어가며 춘천중앙교회의 간절한 소원인 100주년기념교회 건축 문제를 설명하였다.

"과부가 그 재판관이 자기의 소원을 들어줄 마음이 없는 것 같다고 몇 번 간청해보고 중간에 포기했다면 그녀는 자기의 원한을 풀 수 없었을 것이다. 우리 교회의 성전 건축도 마찬가지다. 이 일은 결코 포기할 수 없는 간절한 소원이자 사명이다. 또한 간절하고도 끊임없는 기도 없이는 이루어질 수 없는 일이다. 강력히 요청한다. 우리 모두 이 일을 위하여 하나님께 간절히 기도하자. 우리가 불의한 재판관에게서 자기의 원한을 푼 과부만큼만 끈질기게 기도한다면 우리는 분명히 하나님으로부터 응답을 받을 수 있다."

권오서 담임목사는 새 역사를 이루기 위한 하나님의 성전을 흡족하게 짓겠다는 우리의 기도는 결코 이루어지기 쉬운 것이 아니라면서 이 일로 많은 성도들이 신앙이 흔들리고 경제적인 어려움을 당하게 될지도 모른다고 말했다. 그럼에도 불구하고 춘천중앙교회 성도들은 춘천중앙교회를 통하여 하나님의 새 역사가 이루어질 것을 확실히 믿어야 한다고 그는 강조했다. 그는 "인자가 올 때에 세상에서 믿음을 보겠느냐"는 예수님의 질문을 되새겨 보아야 한다면서 "예수님이 다시 오실 때까지 믿음을 지키기 어렵겠지만 그럼에도 불구하고 과부의 믿음처럼 신실한 믿음을 지켜야 한다."고 강조했다. 새 역사는 저절로 이루어지지 않는다. 여러 가지 어려운 여건 속에서도 하나님의 뜻이 분명히 이루어질 것을 믿는 굳건한 믿음이 있어야 한다. 그리고 100주년기념성전을 건축하려는 당시 그 어느 때보다 이런 기도와 믿음이 요구됐다.

권오서 담임목사는 성전 건축에 있어서 세 가지 원칙이 있다고 했다.

첫째, 성전은 하나님의 집이요, 하나님이 거하시는 처소다.

그러므로 성전은 거룩한 곳이며, 일반 건축물과 구별되게 잘 지어야 한다. 그리고 아름답게 지어야 한다.

둘째, 믿음의 그릇이 중요하다. 큰 믿음대로 지어야 한다.

2년 정도의 기간을 갖고 짓되 견고히 잘 지어야 한다. 자칫 싸게 지으면 다시 손을 대야 하는 이중부담을 안게 되므로 크기와 질을 겸하여 잘 지어야 한다. 이것은 결코 욕심이 아니다.

셋째, 후손들을 위한 성전을 짓는다는 마음으로 해야 한다.

10년 혹은 15년 후면 왜 이렇게 밖에 지을 수 없었을까 하고 원성을 듣게 된다. 따라서 후손을 위해 잘 지어야 한다. 몇 세대 후의 후손들에게 자랑스럽게 물려줄 수 있도록 잘 지어야 한다. 하나님이 원하는 대로 짓기 위해 기도해야 한다.

이렇게 권오서 담임목사는 성전 건축이 단순한 예배당을 짓는 일이 아니라 성도들의 신앙관과 신앙생활이 모두 어우러지는 종합적인 신앙이라고 설명했다. 하나님의 자녀가 하나님의 집을 어떻게 지어야 하는가는 바로 이런 신앙심의 발로이자 종착점이 아닐까 한다.

성전에 대하여

성막은 하나님이 거하시는 이동식 성소(출 25:8)로 이스라엘 백성들이 하나님께 제사 드리던 장소를 말한다. 성막은 광야시대에는 이스라엘 백성들과 함께 이동되다가 이스라엘 백성들이 가나안에 들어갔을 때 실로에 세워졌다(수 18:1). 사사 시대에도 계속해서 실로 성막이 제사 드리는 중심지였다가 초기 왕정 시대에 불레셋의 위협을 받아 놉 땅으로 옮겨지게 되었다(삼상 21:1~6).

다윗에 의해 세워진 예루살렘 성막(삼하 6:17) 외에 기브온에도 성막이 있었다(대상 16:39; 21:29). 그 이후 솔로몬이 성전을 건립함으로써 성막은 성전으로 대체되었다. 전의 역사적인 의미는 편재하시는 하나님께서 예배를 받으시기 위해 자신의 임재를 상징적으로 나타내려고 선택하신 처소라는 점이다.

· **최초의 성막** = 성막은 애굽을 떠난 지 2년째 되던 해 유월절 2주 전에 시내 산에 세워졌다(출 40:2, 17). 성막은 이스라엘 백성들이 40년 동안 광야생활을 하는 동안 그 중심이 되었다. 성막 위로 낮에는 구름 기둥이, 밤에는 불 기둥이 나타나서 하나님의 인도하심을 알려주었다.

· **길갈의 성막** = 여호수아의 인도 아래 요단강을 건너면서 성막은 여리고 근처인 길갈에 세워졌다(수 4:19).

· **실로의 성막** =성막은 길갈에서 에브라임의 실로로 옮겨졌다. 실로는 사람들이 세 번의 연례적인 축제에 참가하러 오기에 편한 곳이었다.

· **놉과 기브온의 성막** = 법궤를 빼앗긴 상태에서 성막은 온전하게 보존되지 못했다. 그리고 성막은 실로에서 놉으로 옮겨진 듯하고 사울왕에 의해서 또다시 기브온으로 옮겨졌다(대상 21:29).

· **다윗의 성막 건축** = 다윗은 왕이 된 후 법궤가 온전히 모셔지지 못하는 것을 매우 가

슴 아프게 생각하였다. 그래서 그는 예루살렘에 성막을 짓고 법궤를 모셔왔다. 그러나 그 후 다윗은 곧 법궤를 예루살렘으로 옮겼다. 다윗 시대에 이르러서 기브온에는 제단이 있는 성막이 존재하게 되었고, 예루살렘에는 법궤가 있는 성막이 존재하게 되었다. 그리고 이 두 성막은 솔로몬에 의해서 성전으로 대체되었다.

· **솔로몬의 성전** = 솔로몬이 성전을 지은 후 성막과 그 모든 기물은 법궤와 더불어 성전으로 이전되었다(왕상 8:1~4).

· **이후의 성전 역사** = 이스라엘은 역사의 굽이굽이마다 엄청난 전쟁의 소용돌이에 휩싸였다. 그리고 그 전쟁에서 패할 때마다 성전은 이방인들의 손에 의해서 부서지고 무너지고 사라지기를 반복하였다. 그러나 그때마다 하나님의 선지자나 지도자들에 의해서 성전은 다시 재건되었다. 그 대표적인 성전이 바벨론 포로 이후에 재건한 '스룹바벨 성전'이었다. 그리고 그 성전은 다시 파괴되었다가 헤롯에 의해 다시 건축되었는데 그 성전을 '헤롯 성전'이라고 부른다. 예수님 시대의 성전은 바로 헤롯 성전이었다.

솔로몬의 성전

· **성전 터** = 성전은 아브라함이 아들 이삭을 제물로 바쳤던 모리아 산에 세워졌다 (창 22:2 대하 3:1). 특별히 이 장소는 다윗이 인구조사의 죄를 범해 징계를 받을 때 하나님의 지시로 제사를 드렸던 곳이며, 다윗이 금 육백 세겔을 주고 산 장소였다 (대상 21장).

· **성전 건립** = 다윗은 하나님의 성전을 짓고자 하는 마음이 있었으나 전쟁으로 피를 많이 흘린 그에게 하나님께서는 성전 건축을 허락하지 않으셨다(왕상 5:3, 대상 22:8, 28:3). 다윗은 하나님의 지시에 따라 솔로몬에게 성전 건축을 준비해 주셨다

(대상 22:1, 11, 19). 솔로몬은 BC957년 모리아 산에서 성전을 건축하기 시작하여 7년

만에 완공하였다. 감독자가 3,300명, 인부가 10만 명이나 되었다. 솔로몬 성전에는

거대하고 웅장한 기물들이 많았는데 이 기물은 두로의 히람(후람)이라고 불리는 사

람에 의해 만들어졌다.

· **성전 평면도** = 솔로몬의 성전은 성막과 유사하였으나 길이가 더 길고 더 화려하게

건축되었다.

· **성전 규모** = 솔로몬은 성전을 지을 때 하나님이 지시하신 규격으로 정확하게 지었

으며, 금과 보석으로 화려하게 꾸몄다. 이것은 하나님의 영광과 위엄의 상징으로 솔

로몬의 신앙을 표현한 것이다.

· **성전 봉헌식** = 제사장과 노래하는 자들은 세마포 옷을 입었고, 훈련된 음악가들로

구성된 성가대는 120명의 나팔 부는 자들과 노래하는 자들과 악기를 다루는 자들과

함께 정교한 음악으로 하나님을 찬양했다(대하 5:12~13). 이때 '영광의 구름'이 성전

에 가득 찼으며, 백성들은 이것으로 인하여 하나님의 임재를 분명하게 인식하게 되

었다(왕상 8:11, 대하 5:14).

· **성전 파괴** = 봉헌한 지 34년, 솔로몬이 죽은 지 불과 5년 되던 해부터 성전의 영광은

쇠퇴하기 시작했다. 이스라엘 사람들에게 성전 파괴는 하나님의 떠나심이나 백성들

을 버리심과 직결되는 의미였기 때문이었다.

새 성전 건축을 위한 마중물

권오서 담임목사의 부임으로 수면 아래에 있던 성전 건축에 대한 논의가 조심스럽게 수면 위로 올라오면서 기획위원회 세미나 등을 통해 보다 다양하고 구체적인 조사와 준비가 진행되기에 이르렀다. 그러나 춘천중앙교회의 전반적인 분위기는 성전 건축을 본격적으로 추진하기에는 아직 약간의 온도차가 있었다. 성도들 개개인의 생각은 100인100색이라고 해도 틀린 말이 아니었다. 교회 임원들 역시 속내는 일반 성도들과 크게 다르지 않았다. 성전 건축의 필요성은 절감하면서도 당장 실행해야 할 일이기보다는 언젠가에 하면 좋을 일이었다.

그러나 권오서 담임목사는 달랐다. 그는 "하나님의 집은 하나님이 짓는다"는 믿음을 갖고 실행에 옮기면 하나님이 반드시 역사하신다는 강한 신념을 갖고 있었다. 그렇지만 그는 교회의 임원이나 성도들 앞에서 성전을 건축해야 한다고 직접적으로 역설하지는 않았다. 스스로 솔선수범하여 몸과 마음으로 열심히 기도를 하면 임원과 성도들이 공감하여 깨닫게 될 것이고, 그렇게 되면 교회 전체의 마음의 준비가 성숙할 것으로 믿었다. 그러면서 그는 성도들이 항상 기도하고 염원하도록 하는 안내자

구실은 꾸준히 해나갔다. 결코 서두르거나 강요하지 않았다.

권오서 담임목사는 어떤 일이 필요해도 절대로 먼저 임원이나 성도들에게 이야기 하지 않는다. 자칫 먼저 이야기를 꺼낼 경우 담임목사라는 직책이 주는 중압감이 임원과 성도들의 결정에 부담으로 작용할 수 있기 때문이다. 온 교회가 한마음이 되어 자발적으로 일을 추진해 나갈 때 그 일은 성공적으로 추진되고, 나아가 임원과 성도들이 느끼는 성취도가 높아질 것이라고 믿고 있다. 그래야만 하나님의 자녀로서 무한한 은혜와 감사를 느낄 수 있기 때문이다.

많은 교회들이 성전을 건축할 때 담임목사가 앞장서서 분위기를 띄운다. 때로는 부흥회까지 열어가며 늘 '성전 건축'이란 말을 되뇌인다. 그러면 일은 일단 쉽게 진행할 수 있을 것이다. 하지만 이럴 경우 대부분이 마지못해 제안에 응하는 꼴이 되어서 결국 같은 일을 하면서도 마음은 개운치 않다. 더욱이 그렇게 시작한다 할지라도 결국 성전 건축은 곳곳에 가시밭길이 놓여 있는 형국이어서 끝까지 완공하지 못하고 중도에 포기하는 경우도 허다하다. 그러면 하나님의 자녀로서 하나님의 집조차 정성으로 짓지 못하는 믿음이 부족한 성도가 될 뿐이다.

당시 춘천중앙교회는 성전 건축에 대한 논의를 서서히 조용하게 진행하였다. 늘 옷깃을 여미고 신앙심을 더욱 깊게 하기 위해 열심히 기도했다. 특히 1990년 4월 1일 사순절을 맞아 권오서 담임목사는 '무너진 성전'(눅 21: 5~6)이란 제목의 설교를 통해 하나님의 전당을 짓기 위해서는 어떤 마음가짐으로, 또 어떤 자세로, 어떤 행동으로 행해야 하는지에 대해 다시 생각해보는 시간을 가졌다.〈60쪽 '담임목사가 구상하는 새 성전' 참조〉

곽철영 원로목사 또한 그해 4월 29일 주일예배에서 '생산하는 교회'(고전 4:15~21)라는 제목의 설교를 통해 어떤 교회가 되어야 하는지, 또 어떤 교인이 되어야 하는지에 대해 생각하는 기회를 제공했다.

그는 교인을 "생산하는 교인과 소비하는 교인"으로 나누면서, "하나님은 우주라고 하는 생산하는 공장이라는 점을 명심하여 생산하는 교인"이 되어야 한다고 강조했다. 그래서 "교회는 꿈을 생산하는 곳, 새 사람을 생산하는 곳, 특히 복음의 역군을 생산하는 곳이어야 한다."고 역설했다.

이런 분위기 속에서 춘천중앙교회 성도들은 하나님의 성전을 마련하기 위한 크고 작은 실천을 하기 시작했다. 여선교회는 성전 건축을 위한 작은 정성이라도 마련한다는 취지로 바자회를 열어 그 수익금을 성전 건축비용으로 헌납하는 한편 남선교회는 남선교회대로 다양한 방법으로 성전 건축을 위한 초석을 다져나가고 있었다.

1991년이 밝자 춘천중앙교회는 1991년 표어를 '배우며 성장하는 교회'로 정했다. 이는 말씀을 잘 배우는 교회, 열심히 기도하는 교회, 전심전력으로 훈련하는 교회를 위해 성도들이 맡은 직분을 성실히 실천하여 교회가 성장하도록 노력하자는 의미가 담겨있었다.

그런데 교회가 성장하기 위해서는 여러 가지 필요충분조건이 요구되는데, 이미 앞에서 수차례 밝힌 바 있는 공간적 넉넉함도 그 중의 하나였다. 예배당이 좁아 예배 횟수를 한두 차례 더 늘려야함은 물론이거니와, 자가용이 그래도 덜 대중화된 시대였음에도 불구하고 주차장 문제 또한 심각했다. 당시 옥천동예배당에는 고작 30여 대만이 주차가 가능했다. 이에 궁여지책으로 학생들에게 장학금을 주는 조건으로 허락을 얻어 가까이 있는 춘천여고 운동장을 활용하였다.

상황이 이러하자 권오서 담임목사는 교회의 공간 문제는 더 이상 미룰 수 없는 시급한 일이라는 인식 아래 다양한 방법에 대해 고민했다. 그는 교회의 이전 신축이 가장 현실적이고 확실한 대안이라고 생각했다. 해서 그

김교익 장로가 헌납한 애막골 성전 터에는 지금 국립춘천박물관이 들어서 있다.

는 성도들 몰래 혼자서 교회 터를 보러 다녔다. 그가 아무에게도 알리지 않고 몰래 다녔던 것은 담임목사가 부임해오자마자 교회 지을 생각만 한다고 혹 성도들이 오해할지도 모른다는 생각이 앞섰기 때문이다. 아울러 이 일을 공론화하기에 앞서 실현 가능성을 모색해본다는 취지였다.

바로 이때 춘천중앙교회 성전 건축이라는 대과제를 견인해내는 마중물이 부어졌다. 1991년 3월 지금은 장로로 은퇴한 김교익 권사 · 고경애 집사 부부가 하나님의 전당을 마련하는데 조금이라도 보탬이 될 수 있다면 더 없는 은혜라며 춘천시 석사동 산 30번지의 대룡산 기슭 소위 '애막골'의 임야 2천여 평을 교회 부지로 헌납했던 것이다.

일제시대 춘천교회 속장으로 활동하던 길희자 권사의 손자인 김교익 권사는 권오서 담임목사가 교회 부지를 보러 다닌다는 소문(?)을 듣고는 기꺼이 헌납하였던 것이다.

김교익 권사 · 고경애 집사 부부는 교회 터 헌납은 하나님의 자손 된 도리라는 겸손한 생각에서 행한 당연한 일인데 괜한 헌사가 이어지는 것을 몹시 부담스러워하며 이렇게 소감을 밝혔었다.

"항상 도우시는 하나님의 은총에 감사하며 수년 전 춘천시 석사동에 마련한 땅 중에서 중요한 부분을 떼어 하나님 사업에 유익하게 쓰이기를 바라면서 헌납했습니다."

이에 춘천중앙교회에서는 이 땅을 기독교대한감리회유지재단에 편입하여 등기수속을 밟아 곧바로 춘천중앙교회의 기본재산이 되도록 하였고, 선교 100주년을 기념하여 준비하는 성전 건축의 기틀이 되었다.

성전 부지 마련을 위한 헌금

김교익 권사·고경애 집사 부부에 의해 성전 건축을 견인해내는 마중물이 부어지자 춘천중앙교회는 1991년 5월 19일 하나님께 열심히 기도드리면서 애막골 땅 2천 평을 어떻게 활용할 것인지를 논의할 소위원회를 기획위원회 안에 구성했다. 교회의 임원들을 중심으로 구성한 소위원회에는 관리부장 고(故) 장기호 장로, 재정부장 민병재 장로, 심재환 장로, 고(故) 왕정걸 장로, 그리고 땅 헌납자인 김교익 권사 등 5명이 참여했다.

소위원회는 헌납 부지를 놓고 여러 가지 가능한 방법에 대해 논의했다. 김교익 권사는 자신이 헌납한 땅 2천 평이 밀알이 되어 공간 활용도를 최대한 높일 수 있는 교회를 짓자고 제안했다. 그러면서 그는 2천 평의 대지가 층수를 높이 올려 지으면 필요한 공간의 확보가 가능할 만한 넓이이기는 하지만 이왕지사 건축한다면 미래를 내다보고, 또 현재 문제가 되고 있는 여러 가지 점들을 동시에 해결할 수 있도록 부지를 좀 더 넓혔으면 좋겠다는 의견도 내놓았다. 이 의견에 대해 소위원회 위원 모두 동의했다. 소위원회는 논의를 거듭하여 다음과 같은 결론을 내렸다.

"애막골에 '전원교회'를 지어 하나님의 복음을 널리 전파하는 전당을 만들되, 김교익 권사가 헌납한 2천 평에 이어 4천여 평을 추가 매입한다."

소위원회는 1991년 7월 10일 열린 기획위원회에서 성전 터 4천 평 추가 매입을 위해서는 모든 성도들이 한마음 한뜻이 되어 기도하고 나아가 헌금을 해야 한다는데 인식을 같이하고 '교회대지헌금관리위원회' 구성안을 만들었다. 그리고 7월 14일 남·여선교회장 연속회의를 열어 '교회대지헌금관리위원회'의 구성 취지 설명회를 가졌고, 7월 28일 임시임원회를 개최하여 위원회 구성안을 공식 결의하였다. 이날 임원회의에서는 기획위원회에서 낸 '교회대지헌금관리위원회' 구성안을 채택하는 한편 헌금목표를 3억 원으로 한다는 계획과 위원회 조직을 승인하였다. 그리고 모든 교우가 합심하여 헌금목표를 이루기를 기도하였다. 임원회의에서 추인한 헌금의 목적과 방법 및 조직안을 살펴보면 다음과 같다.

△ **헌금의 목적** = 1988년 기획위원회 세미나에서 교회 장기발전과 100주년기념예배당 건립을 의논할 때 현 예배당을 헐고 그 자리에 새 성전을 짓는 안과 넓은 곳에 이주하여 건립하는 안이 토의되었는데, 하나님의 섭리가 있어 김교익 권사가 석사동 소재 자신의 땅 2천 평을 교회부지로 헌납했다. 선교 1백주년을 바라보는 춘천중앙교회의 위상과 선교의 열매를 맺기 위해서는 김교익 권사가 기증한 땅 옆 4천 평을 매입해야 한다는 결론을 내렸다.

△ **넓은 성전의 필요성** = 현재의 예배당은 노후화되어 안전은 물론 누수가 되고, 또 이곳에 새 성전을 지으려면 주차문제의 해결이 어렵고 다른 공간도 부족하다는 결론에 도달했다. 앞으로의 교회는 아름다운 자연에 둘러싸인 넓은 공간에 전원교회(田園敎會)를 세워 아침부터 저녁까지 예배드리

고 휴식하며, 넓은 주차공간과 운동장이 있는 곳에서 전도하며 안식하고, 가고 싶고 머물고 싶은 예배당이 필요하다는 데 동의하였다.

△ **헌금목표** 3억 원

△ **위원회 구성**

· 명칭 : 교회 창립 100주년기념예배당 부지 확보를 위한 교회대지 헌 금관리 위원회

· 위원장 왕정걸 장로, 부위원장 김종순 장로, 총무 김기태 장로, 서기 이기남 권사, 회계 이은희 권사

· 추진위원 : 기획위원회 대표(민병재, 장기호), 남선교회 대표(안민, 성낙섭), 여선교회 대표(이경애, 조명강), 서지역 대표(박형숙, 배수옥), 남지역 대표(함영자, 임정진), 동지역 대표(이기남, 김영희)

이에 구성된 교회대지헌금관리위원회는 1991년 7월 24일 권오서 담임목사와 왕정걸 위원장(장로) 공동명의로 '교회대지 헌금에 대한 안내말씀'을 모든 성도들에게 보냈다.

"…교회의 미래와 성전 확장을 위해 기도하던 중 전혀 예기치 못했던 하나님의 축복이 김교익 권사를 통해 시작되었습니다. 김 권사가 석사동의 2000평을 교회성전의 터를 위해 봉헌해 주신 것입니다. 이미 행정상으로 감리교유지재단에 편입시켜서 우리 중앙교회 임의로 활용할 수 있게 되었습니다. …하나님께서 예비하신 축복을 담을 수 있는 그릇을 준비해야 합니다. 그것은 목회자와 성도들이 교회의 미래에 대한 원대한 꿈과 살아 역사하시는 하나님에 대한 믿음을 갖고 합심기도하고 정성을 다해 헌신하는 것입니다. 우리 모두 선교 90주년과 선교 100주년을 향한 새 역사를 시작합니다."

이에 춘천중앙교회는 1991년 8월26일부터 30일까지 대지 헌금 작정을 위한 특별 새벽기도회를 열어 하나님의 집터를 마련해달라고 간절히 기도했다. 본격적인 성도들의 헌금에 앞서 교회대지헌금관리위원회가 먼저 나섰다. 위원장인 왕정걸 장로는 장로들이 전체 헌금목표액의 3분의 1은 감당해야 한다며 적극 독려하고 나섰다. 왕 장로는 자신이 먼저 모범을 보이고 다른 장로들에게도 헌금할 것을 적극 권유했다. 그 결과 장로들의 헌금이 1억2천만 원을 기록했다. 이에 대해 권오서 담임목사는 왕정걸 장로의 솔선수범이 너무 고마웠다고 당시를 술회했다. 어찌 보면 담임목사가 나서야 할 일임에도 왕정걸 장로가 먼저 나서서 담임목사의 역할을 대신하여 모범을 보여줌으로써 일이 자연스럽게 풀려나갈 실마리를 제공했던 것이다. 1991년 9월 1일 주일예배에서 있었던 '성전대지헌금' 약정식에서 권오서 담임목사를 비롯한 기획위원 전원과 임원들, 평신도들이 정성어린 약정서를 하나님 앞에 봉헌했다. 약정금액은 3억5천만 원이었다. 목표액 3억 원에서 5천만 원이나 초과한 금액이었다. 모든 일이 축복 속에서 채워지게 해달라는 목회자와 성도 모두가 한마음이 되어 드린 기도의 응답이 이루어진 것이다. 이날 성전대지헌금 약정식에서는 여든이 넘은 집사에서부터 어린 유년의 주일학생에 이르기까지 모두 믿음 안에서 헌금했다. 1992년 9월 대지헌금관리위원회의 보고에 따르면, 1년 동안에 383명의 성도들이 3억6천732만1,870원을 작정하였고, 실제 헌금이 3억52만2,870원이 수납되었다. 1백만 원 이상 헌금한 성도만도 168명에 달하였다. 또한 1천만 원 이상의 작정이 6명, 800만 원 1명, 750만 원 1명, 700만 원 1명, 500만 원 11명이었다.

특히 이날 약정식에서는 훈훈한 미담들이 쏟아졌는데, 하나같이 가슴 뭉클하게 해주면서 성도들을 한마음으로 이끌어주었다. 1천 원, 2천 원

헌금한 유치부 어린이와 아껴 끼던 금반지를 현물로 바친 성도도 있었고, 온 가족의 이름으로 각각 헌금하는 성도, 타향에 근무하면서 매주 헌금을 보내오는 성도도 있어 수납하는 위원들은 물론 담임목사를 비롯한 목회자, 임원, 성도 모두의 마음을 감격케 하였다. 또한 춘천중앙교회가 개척한 군자교회에서 대지헌금 10만원을 보내왔다. 군자교회의 헌금은 예수님이 말씀하신 가난한 과부의 헌금을 연상하게 하였다.

한편 곽철영 원로목사는 10월 30일에 있었던 주일예배에서 요한복음 6장의 말씀을 인용하며 '온전한 예물'이란 제목의 설교를 통해 헌금을 위한 마음가짐이 어떠해야 하는지에 대해 설명했다.

첫째, 청지기의 자세로 드려야 한다.
둘째, 순수한 마음으로 드려야 한다.
셋째, 자원하는 심정으로 드려야 한다.

그러면서 그는 진정한 예물이 있는 곳에 진정한 예배가 있다면서 온전한 예물은 하나님이 기뻐하신다고 말했다.

성전 터 마련을 위한 헌금 독려를 본격으로 시작한 것은 1991년 들어서다. 그해 1월 15일 자 주보부터 아랫부분에 "지금은 성전 건축을 위해 기도할 때입니다"라는 구호를 넣기 시작했던 것이다.

한편 성전 터 추가매입이라는 역할을 성공적으로 마친 교회부지마련 헌금관리위원회는 1993년 9월 공식 해산되었다.

새 성전 부지 확정

김교익 권사·고경애 집사 부부의 애막골 땅 2천 평 헌납과 온 성도들의 헌금으로 4천 평 추가매입으로 성전 부지 문제는 일단락되는 듯했었다. 이제 남은 일은 춘천중앙교회가 꿈꾸던 '전원교회'를 어떻게 지을 것인가, 또 언제 지을 것인가, 하는 것이었다.

그런데 문제는 뜻하지 않은 데서 일어났다. 1994년 2월, 춘천시가 '석사3지구개발계획안'을 발표하였는데, 바로 그 개발계획안에 춘천중앙교회가 마련한 애막골 터가 포함되어 있었다. 춘천시가 이곳에다 춘천국립박물관과 수영장을 짓겠다는 계획을 세웠던 것이다.

순간 춘천중앙교회는 당황했다. 그동안의 기대를 저버리는 일일뿐만 아니라 어렵게 마련한 이 부지에 말뚝 하나 세워보지도 못하고 물러나야 한다는 현실을 인정하고 싶지 않았던 것이다.

그러나 춘천중앙교회는 슬기롭게 받아들이기로 했다. 애막골 터는 하나님의 집을 짓기에 적합한 곳이 아니라고 하나님께서 역사하셨다는 믿음이 앞섰기에 불평불만 없이 받아들이기로 하였다. 대신 춘천시에 대토를 해달라는 청원을 넣기 위해 서명운동을 전개하는 한편 하나님이 하나님의 집을 짓길 원하시는 곳을 찾아보자며 간절하게 기도했다.

그러면서 춘천중앙교회는 그해 6월 '성전건축준비위원회'를 구성했다. 애막골 터 상황이 여의치 않게 되었지만 성전 건축은 계속 되어야 하기 때문이었다. 열심히 진행하다 뜻하지 않은 복병을 만났다고 해서 일을 중단하면 나중에 다시 실행에 옮기려고 할 때 새로 시작하는 것보다 몇 배의 시간과 노력이 든다는 점을 고려하여 '중단 없는 성전 건축'을 위한 교두보 확보가 중요하다는 판단에서였다.

앞으로 성전 건축에 관한 내용은 '성전건축준비위원회'에서 담당하기로 하였다. 위원은 권오서 담임목사를 비롯하여 왕정걸 장로와 민병재 장로 등으로 구성됐다.

춘천중앙교회 성전건축준비위원회는 모든 것을 원점에서 다시 검토했다. 특히 권오서 담임목사는 이미 새 성전 터를 마련하여 신축하기로 했던 결론에 입각하여 석사동 터 부근에서 마련할 것인지, 아니면 아예 다른 곳으로 정할지 등 모든 가능성을 열어두고 검토해달라고 성전건축준비위원회에 요청했다.

춘천중앙교회가 지으려고 하는 성전은 춘천중앙교회 성도들만을 위한 공간이 아니라 지역주민과 함께 어우러지는 공간이 되어야 한다는 공존의 개념을 가져야 한다는 점이 주요 콘셉트였다. 그리하여 조급하게 서두르다보면 이런 명분과 의미는 실종되고 결국 '지어야 한다'는 당위에만 치중하다 일을 그르치기 십상이다. 성전은 지었지만 성도들은 물론이거니와 지역사회와 전혀 소통이 안 되는 섬 같은 공간이 될 수 있음을 경계해야 했다.

성전건축준비위원회는 우선 당면한 과제인 새로운 부지를 찾기 위해 동분서주했다. 춘천시에서는 대토 개념으로 경찰청 부근의 땅을 제안했다. 거두리 산116번지인 이 땅(7,965평)을 평당 30만원에 매각하겠다고 했다. 건축상임위원회에서는 이 중 공원과 도로 부지를 제외하고 매입하는 방안을 추진했다. 반대가 심했다. 그곳이 그린벨트인데다 산중에 있어서였다. 더더군다나 그 터는 진입하는 도로마저 없는 상황이었다. 당시 춘천시에서는 입구까지는 도로를 만들어줄 수 있지만 그 뒤로는 알아서 하라는 반응이었다. 퇴계동 농협연수원 주변의 부지도 소개되었는데, 답사 후에 부적격하다는 판정을 내렸다. 이번에는 임시 쓰레기 매립장으로 사용되고 있는 석사동의 조씨문중 땅을 염두에 두고 접촉했다. 협의는 순조롭게 잘 진행되는 듯했다. 그러나 그 땅도 구입하기가 어려워졌다. 조씨문중회의에서 매각하지 않기로 했던 것이다. 난감했다.

하지만 이때 장기호 장로에게 한 통의 전화가 걸려왔다. 장기호 장로의 지인으로부터 걸려온 전화는 퇴계동에 있는 자동차 유류부대 자리를 판다는 소문이 있으니 알아보라는 것이었다. 이 땅은 사학재단인 강원고등학교가 학교부지로 마련한 땅인데, 급한 사정이 있어 매각한다는 소식이었다. 성전건축준비위원들은 다음 날 바로 현장으로 달려갔다. 대부분이 그린벨트이지만 앞부분 3천 평 가까이는 잡종지로 되어 있는 땅이었다. 넓은 터에 전망도 좋고 뒤에는 산이 있고 앞에는 철길이 있었다. 모두들 찬성이었다. 이 정도의 터라면 강원도 모교회인 춘천중앙교회의 100주년기념교회를 건축해도 전혀 손색이 없겠다는 데로 의견이 모아졌다.

춘천중앙교회는 애초 7천~8천 평 규모면 충분히 원하는 '전원교회'를 지을 수 있다는 생각에서 그 정도의 대지를 구입할 작정이었다. 그러나 건축준비위원들이 이 부지의 뒷산에 올라가 조망을 살펴보고는 상황이 급반전했다. 전망이 너무 좋았던 것이다. 팔려고 내놓은 대지 모두를 구입하기로 했다.

춘천중앙교회 100주년기념교회 부지 계약 체결 장면.

1996년 1월 21일 춘천중앙교회는 퇴계동 부지를 매입하기로 최종 결의하였다. 일부에서 조금만 기다리면 이 땅이 경매에 나온다는 소문이 돌고 있다면서 계약을 미루면 안 되겠느냐는 의견을 내놓았다. 그런데 늘 장로들과 함께 협의하여 일을 처리하던 권오서 담임목사는 이때만큼은 단호하게 선을 그었다. 하나님의 집을 지으면서 누군가가 피눈물을 흘린 땅에 지어서 되겠느냐며, 설령 비용을 조금 더 들이더라도 이 땅이 평화로울 때 계약하는 것이 마땅하다는 논리였다. 파는 사람들도 사는 사람도 모두 하나님의 자녀가 아니냐는 것이었다. 그리하여 계약은 빠르게 진행되어 1월 25일 24억 원에 체결하였다. 성전건축준비위원회는 2월 7일 이 부지에 대한 소유권 등기 이전을 비롯하여 행정적 절차를 마무리함으로써 100주년기념교회의 성전 터는 마침내 확정되었다. 계약 체결 후 강원고 입장에서는 상당히 불안해했다는 후문이었다. 춘천중앙교회가 매입대금을

춘천시 퇴계동에 마련한 춘천중앙교회 100주년기념교회 부지.

준비하고 체결한 계약이 아니었기에 혹시나 매각대금을 받지 못할까 하는
의구심 때문이었다고 한다. 하지만 춘천중앙교회는 애초 약정한 잔금 스
케줄에 앞서 모든 대금 지급을 끝냈다.

　춘천중앙교회 온 성도의 기도의 결실인 성전 터가 확정되기까지 담임목
사와 건축상임위원회는 많은 고생을 감내하였다. 담임목사와 성전건축상
임위원회는 이 일을 이루기 위해 주일저녁과 수요예배 후 정기적으로 담
임목사실에 모여 머리를 맞대고 밤늦게까지 기도하고 숙의했다. 또한 수
차례의 현장답사와 토의 과정에서 많은 고통들이 있었으나 모든 것을 극
복하여 성공에 이르게 된 것이었다. 성전 부지가 확정되자 이 일에 참여했
던 한 장로는 이리저리 뛰어다니면서 하나님의 역사하심을 곳곳에서 느낄

수 있었으며, 아름다운 성전을 건축하는 대열에 동참할 수 있다는 것이 정말 감사하고, 이 영광을 하나님께 돌리고 싶다고 했다. 권오서 담임목사도 이렇게 소감을 피력했다.

"이 땅은 하나님께서 예비하신 땅임을 확신하며 100주년을 향한 큰 꿈을 이루기 위한 첫걸음이니만큼 앞으로 더 큰 난관과 어려움이 오더라도 극복할 수 있는 힘을 주시는 하나님을 믿고 의지하며 기도로 무장하여야 한다.…우리 후손들에게 물려줄 큰 유산으로 복음의 생명수가 흘러넘치는 아름다운 성전이 되기를 소망한다."

춘천중앙교회가 퇴계동에 마련한 부지는 퇴계동 192-6번지(잡종지, 30.55평), 465-5번지(잡종지, 3.93평), 202번지(잡종지, 498.21평), 465-9번지(잡종지, 2,067.28평), 204-2(잡종지, 1,092.32평), 466-3번지(답, 395평), 212-2번지(잡종지, 169.7평), 산 25-3(임야, 3,868평), 288-11번지(잡종지, 27.52평), 산 27번지(임야, 9,450평), 465번지(잡종지, 896.94평), 465-4번지(잡종지, 85.6평) 등 12필지이다.

그리고 나중에 부지 앞에 있던 국방부 땅까지 매입하여 보다 넓은 주차장이 가능하게 되는 하나님의 역사가 이어졌다. 1997년 12월 국방부가 매각하기 위하여 입찰 공고한 퇴계동 202-2, 3, 51번지 845㎡(256평)의 부지에 응찰하여 1억7천만 원에 낙찰 받았다. 또 2000년 9월 26일 군부대땅 18필지(5,430㎡)도 경매에 응찰하여 7억2천718만원에 낙찰받았다. 특히 이 땅의 구입 과정은 어려움의 결정판이라고 해도 틀린 말이 아니었다. 춘천중앙교회는 국방부에 이 땅의 매입의사를 수차례 밝히고 군부대를 찾아가 강력하게 요청하였으나 쉽게 이루어지지 않았다. 강원고로부터 매입한 부지가 가로로 길게 진행된 형국이어서 폭이 다소 좁은 느낌이 들었다. 따라서 교회 바로 앞이 답답하게 전개될 우려가 있었고, 또 주차장 등 교회에 바로 접근할 수 있는 편의성을 창출하기에는 약간의 어려움이 있었다. 새 성전의 진입로 및 수도, 가스관 설치에도 어려움이 있었다.

그런데 국방부에서는 도무지 매각할 의사가 없는 듯했다. 여러 모로 의사 타진을 했으나 요지부동이었다. 3년이 지나서야 마침내 매각공고가 나왔는데, 실무자 착오로 누락됐다고 했었다. 이 실무자의 착오는 춘천중앙교회에는 되레 이로움이 되었다. 전화위복이었다.

당시 상황이 IMF 때라 공시지가도 많이 내려간 상태였다. 만약 처음 접촉할 때 곧바로 매각절차가 이루어졌다면 구입자금을 마련하기 위해 빚을 내야 할 형편이었다. 물론 그렇게라도 구입할 작정이었다. 그만큼 절실한 입장이었던 터라 막상 춘천중앙교회는 매각공고가 나자 혹시 있을지도 모를 모든 상황에 대비해야 했다. 특히 이 땅을 교회와 무관한 사람이 낙찰을 받는다면 교회건축에 결정적인 차질이 빚어질지도 모른다는 생각에서 여간 신경이 쓰이는 일이 아니었다. 그리하여 2000년 9월 25일 장기호 장로와 정세연 장로가 각각의 이름으로 응찰했다. 혹시 다른 사람들이 입찰하더라도 낙찰 받을 확률을 높이기 위해 정세연 장로는 낮은 가격으로 장기호 장로는 높은 가격을 각각 써내고 결과를 기다렸다. 결과가 나오기까지 몹시 초조한 기다림이었다. 결과는 장기호 장로가 낙찰을 받았다. 낙찰 받았을 때의 감격은 말로 형용할 수 없을 정도였다. 모두들 눈물을 왈칵 쏟았다. 그동안의 가슴졸임이 끝나고 이제 온전한 하나님의 집을 완성할 수 있다는 감회가 밀려왔던 것이다. 정세연 장로는 당시 상황을 회고하며 100주년기념교회와 선교교육관 건축에 있어서 가장 감동적인 순간이었다고 했다.

한편 1998년 2월 조경과 야외예배장소 및 휴식장소로 사용할 공간으로, 성전부지 중간을 남북으로 나누는 구거지(퇴계 221-11번지) 1692㎡(512평)도 1억3천959만 원에 매입하였다. 이 구거지는 나중의 선교교육관 건축에 결정적인 영향을 미치는 땅이어서 반드시 매입하여야 했다. 이 땅 매입에는 당시 춘천시에 근무하던 정재준 권사가 많은 도움을 주었다.

이렇게 하여 춘천중앙교회 100주년기념성전 부지는 하나님이 역사하시는 대로, 또 춘천중앙교회가 기도하는 대로 확보되었다. (춘천중앙교회가 마련한 대지는 모두 46필지였는데, 이중 일부를 삼아도시개발과 대림건설 컨소시엄에 매각하는 한편 모두 17필지로 통합하였으며, 지금은 퇴계동 202-1번지를 대표지번으로 사용하고 있다.)

퇴계동 이야기

춘천중앙교회 100주년기념교회 부지로 확정한 춘천시 퇴계동의 유래에 대해서는 재미있는 전설이 전해지고 있다. 퇴계동의 '퇴계(退溪)'는 "계곡물을 물리쳤다"는 의미인데, 이곳에서 복숭아나무밭을 가꾸며 살던 효자 반희언의 이야기에서 지명의 유래를 찾을 수 있다. 반희언은 병든 어머니를 지극정성으로 보살피는 효자였는데, 홍수가 나서 어머니와 함께 가꾼 복숭아밭으로 물이 들이닥쳤다. 이에 그는 온몸으로 물을 막았는데, 하늘도 효자의 마음을 헤아려 물길을 돌렸다고 한다. 또한 퇴계동은 퇴계 이황 선생의 외가가 있던 곳이기도 하다. 신선이 사는 곳이어서 무릉계(武陵溪)로 불리다가 일제시대 때 신남면 퇴계리가 되었고, 춘천읍에 편입되어 퇴계정(退溪町)으로 불리다가 1946년 일제의 잔재인 정을 동으로 바꾸어 퇴계동이라고 했다.

성도들이 짓고 싶은 교회

춘천중앙교회 100주년기념교회 건축은 부지가 확정됨으로써 준비 작업이 순조롭게 그 다음 단계로 넘어갈 수 있었다. 이제 관심사는 자연스럽게 '어떤 교회를 지을 것인가' 하는 문제로 모아졌다.

권오서 담임목사는 1996년 5월 26일 주일예배에서 '왜 성전을 건축해야 하는가'라는 주제의 설교를 통해 "1995년 10월 말 퇴계동 204-2, 산 27번 지의 15,867평의 성전부지를 확정짓고 계약하였다."며 " 2000평 예배당과 교육·사회·선교관 1000평, 본예배당 2500석의 대예배실, 500~700석의 소예배실, 500대 규모의 주차시설을 계획하고 있다."고 성전 건축의 대강의 규모를 발표했다. 그러면서 그는 왜 성전을 지어야 하는지에 대해서 이렇게 설명했다.

첫째, 시설이 협소하기 때문이다.

둘째, 시설이 이 시대에 많이 뒤떨어졌기 때문이다.

셋째, 교회 성장과 새 시대에 맞는 훈련과 선교를 감당하기에 부족하기 때문이다.

그는 또 옥천동예배당 자리에 그냥 지을 경우의 문제점을 지적하며 새로운 곳으로 교회를 이전 신축하여야 하는 이유에 대해서도 설명했다.

첫째, 장기적으로 교통이 너무 혼잡하다.
둘째, 현 교회 부지가 1200평도 채 안 된다.
셋째, 가장 큰 이유는 주택가가 변두리로 옮겨가 미래의 선교 전망이 어둡다.

이에 그는 새로운 교회건축에 대한 비전을 세 가지로 요약했다.

첫째, 성전 착공의 필요성을 역설한다.
둘째, 성전은 하나님께서 임재하시는 영광의 전이다.
셋째, 승리를 약속해 주셨다.

또한 춘천중앙교회는 부지가 확정됨에 따라 성전 건축을 위한 준비작업의 일환으로 다른 교회들의 성전 건축 경험을 벤치마킹하기 위한 견학 프로그램을 실시했다. 매년 목사와 장로들이 함께 신축한 교회를 방문하여 성전 건축에 대해 직접 보고 또 들어보는 견학을 수차례 가졌다. 특히 이중 가장 기억에 남은 경우가 인천시 부평동 소재 부평감리교회였다.

1996년 8월 19일 새벽 5시 30분 춘천중앙교회 기획위원과 임직원 27명이 교회버스를 타고 인천으로 향했다. 서너 시간의 여정 끝에 도착한 부평감리교회는 담임목사를 비롯하여 부목사 등 5명의 목사와 18명의 시무장로를 두고 있었으며, 출석교인 2천 명과 교회학교 학생 2천500명 규모의 교회였다. 교회 건물은 1993년 12월에 970평의 대지 위에 연건평 3,200평으로 완공하였으며, 예배좌석 수가 2천200석이었다. 여러 가지

면에서 춘천중앙교회가 생각하고 있던 규모와 여건이 비슷하였다.

춘천중앙교회 견학단을 맞이한 부평감리교회 홍은파 담임목사는 80억 원의 예산으로 2년 1개월 간 성전 건축을 하였던 경험과 은혜 받음에 대해 자세하게 설명했다. 홍은파 담임목사의 설명을 요약하면 다음과 같다.

· 성전 건축은 열정과 용기로 시작하였으나 부딪히는 어려움이 너무 많았다.
· 사람과 하나님의 계산 방법은 다르다. 인간적 사고로는 손해 본 것 같았으나 하나님의 뜻에 따라 시행하였더니 더 많은 이익을 주셨다.
· 하나님의 성전은 가장 고급스러운 자재를 써서 아름답게 지어야 한다. 내 집보다 못하게 짓겠다는 생각은 신앙인의 자세가 아니다.
· 성전은 아름답고 크게 지었다고 세상 사람들이 비난할지라도 하나님이 계시는 처소인 것을 기억하고 잘 지어라.
· 후손들을 위한 성전으로 짓고 장래 안목을 보며 짓는 것이 유익하다.

그러면서 홍 목사는 건축할 때 필요한 사항도 자세하게 설명해주었다.
△교인들의 관심과 열정 △하나님의 축복과 도우심을 소망 △준비, 설계 시공에 대한 깊은 사려 △안전사고 예방에 특별한 관심과 배려 △재정 확보를 위한 세밀한 분석과 기도 △건축을 주관하는 힘(人力)과 팀 구성의 합리성 검토 등이 그것이었다.

성전 건축을 위하여 다른 교회를 스무 번 이상 방문하였다는 부평감리교회의 열정을 보면서 춘천중앙교회 방문단은 더 많이 기도하여야겠다고 다짐했다.

한편 춘천중앙교회는 어떤 교회를 지을 것인지에 대해 교회 내부 인사들로부터 의견을 들었다. 이에 〈춘천중앙교회〉지가 1995년 3월호에서

'새 역사를 이루는 교회'라는 제목으로 지상좌담을 펼쳤는데, 참여자들의 응답들을 소개한다.

질문내용

1. 성도 된 우리들이 가져야 할 마음가짐과 결단은 어떠해야 하는가?
2. 새 성전은 어떤 방향으로 건축되기를 바라는가?
3. 새 성전의 규모는 어느 정도가 좋다고 생각하는가?
4. 새 성전건축위원회가 구성되어 있다. 건축위원들에게 하고 싶은 말이 있다면?
5. 기타 성도들에게 하고 싶은 말

임봉수 장로(현 원로장로)

- 성도 된 우리들이 성전 건축에 대한 결단을 하기 전에 알아야 할 것은 성령께서 감동을 주시는대로 성전을 건축해야 한다는 것이다. 왜냐하면 예수님은 교회를 성전 된 자기육체라고 했으며 하나님의 교회는 곧 그리스도 예수라고 했으므로 모든 성도들이 다함께 성전 건축에 참여해야 한다.
- 새 성전은 시대적인 유행의 건축양식이 아니라 '살아계신 하나님의 교회(딤전 3:15), 영광스런 교회'로 아름답게 건축되기를 바란다.
- 새 성전의 규모는 지역성을 고려해서 다른 교회도 우리와 같이 주 안에서 성장되기를 바라며, 그간 성인예배 위주로 다소 소외되는 것 같이 느껴지던 교회학교의 교육시설과 교회 복지시설 그리고 500여 대 이상의 주차공간이 필수적으로 설치되어야겠다.
- 새 성전건축위원들은 화려하고 드러나는 교회가 아니라 순수하고 신선하고 경건한 교회가 건축되도록 끊임없이 기도해야 할 것이다.
- 모든 성도, 온 교회가 합심하고 단결해야 한다. 유치부로부터 장년에 이

르기까지 힘과 열심을 다하는 교회 분위기가 될 때 하나님이 바라시고 역사하시는 성전이 건축될 것으로 기대한다.

정진완 장로(현 원로장로)

- 2000년대를 향한 고풍이 있으면서도 신선미가 있는 교회로 건축되기를 바란다. 한국의 성지화 된 교회로서 한국을 방문한 외국인이나 국내 성도들이 찾아와 예배드리고 싶은 교회로 지어졌으면 좋겠다. 각종 체육시설, 운동장이 있어 청소년들이 주일 하루를 모두 교회에서 생활하며 진한 친교의 장이 될 수 있는 교회가 되었으면 좋겠다. 춘천시민의 인구증가율을 볼 때 2천에서 2천5백 석 정도의 교회로, 교회학교 교육에 꼭 필요한 시설의 교육관이 있는 교회로 지어지기를 바란다.

- 유럽 어디서는 200년을 계획해서 성당을 짓고 있다는데 성급하게 한 번에 완성하려는 계획보다는 우리도 100년 정도의 장기계획으로 하는 계속사업이 어떻겠는가? 우리가 짓던 부분을 이어서 차세대들이 계속해서 짓는 교회···. 권오서 담임목사님의 말씀대로 멀리 바라볼 수 있는 눈을 가지고 교회를 건축한다면 얼마나 멋진 교회가 될까. 차세대도 주인의식을 가질 수 있게 될 것이다.

이영식 장로(현 원로장로)

- 새 성전 건축에 내가 참여할 수 있게 되었다는 것이 하나님의 크신 축복이라고 생각한다. 다윗 왕은 성전을 건축하기를 간절히 원했지만 하나님께서는 다윗 왕에게 성전 건축을 허락하지 않으셨다. 왕에게는 막강한 권력과 재물이 있어 마음만 먹으면 아름답고 웅장한 성전을 건축한다는 것은 아주 쉬운 일이었을 것이다. 그러나 다윗 왕은 그토록 갈망하고 원

했던 성전 건축을 하지 못하고 아들 솔로몬 왕에게 성전 건축을 하도록 하지 않으면 안 되었다. 우리는 교회 창립 백주년을 바라보는 시점에 춘천중앙교회 성도로 불러주신 것은 확실히 하나님이 나에게 주시는 크신 축복이 아닐 수 없다. 일생을 다하도록 이런 기회를 맞이할 수 없는 성도들도 얼마나 많았는가? 우리는 성전 건축에 동참할 수 있게 기회를 주신 것을 감사하면서 내게 주어진 여건 속에서 온갖 정성과 최선을 다하며 우리 후손들에게 부끄럽지 않게 내 일생에 자부심을 걸 수 있는 성전이 되도록 기도와 헌신과 봉사가 요망된다.

- 외부는 한국적이면서도 성전의 인상이 주어져야 좋겠고, 내부는 시대변화에 대처하기 쉽게 구조변경이 용이하게 건축된다면 좋겠다. 예를 들면 예배석이 500석, 1000석, 2000석, 3000석 등으로 변경할 수 있다면 바람직하지 않을까 생각해본다.

조정부 권사(현 원로장로)

- 100주년을 바라보며 춘천중앙교회 안에 하나님의 전을 건축할 수 있는 소망을 주심에 감사드린다. 이런 소망 때문에 하루에도 몇 번씩 크고 아름다운 성전을 지었다 부수는 작업을 계획한다. 건축에 대해 전문가는 아니지만 왠지 나의 집을 짓는 것보다 더 큰 설렘과 기대감이 생긴다. 이것이 성전 건축에 대한 사모함이리라. …성전 건축을 할 때 많은 시험과 어려움이 있다고 한다. 이것을 사전에 이기는 방법은 기도 외에는 없다. 한마음으로 전심을 다해 하나님께 기도할 때 이길 힘과 능력을 주실 것이다. 또한 하나님께서 주신 믿음의 분량대로 최선을 다해 하나님께 드릴 때 이스라엘 민족에게 일어났던 차고도 넘치는 하나님의 역사가 중앙교회 속에서도 일어나리라 믿는다.

- 100주년을 바라보며 지어지는 교회는 우선 모든 성도들이 함께 예배드릴 수 있는 장소로, 성도들이 교제를 나눌 수 있는 교제의 장소로, 어린 아이부터 장년까지 충분히 교육할 수 있는 교육의 장소로 또한 지역사회에 이바지하는 나눔의 장소로 서야 할 것이다.
- 이 성전 건축을 위해 건축위원회가 구성되었는데, 먼저 건축위원들이 철저히 하나님 앞에 무릎 꿇고 귀 기울여 기도하고 일을 추진하며 자신의 집을 짓는 마음으로 열심을 다해 성전 건축에 최선의 노력을 해주셨으면 한다.

노희영 권사(현 장로)

- 누구나 가정을 꾸리는 사람이라면 아름다운 집, 잘 가꾸어진 정원을 갖기를 꿈꾸며, 집을 건축할 계획을 갖는 사람이라면 이를 위하여 하루에도 몇 번이고 집을 설계하고 짓고 허물기를 서슴지 않음을 잘 알고 있다. 성도라면 자신의 영혼을 가꾸고 기도하며, 찾으면 위로가 되고, 하나님이 계심을 실감할 수 있는 성전을 간구하는 것은 당연하다고 생각된다. 오래 전부터 기도하는 가운데 확실히 하나님이 주시기를 원하시는 성전 건축임을 깨닫고, 거룩하고 신령한 마음으로 주님이 거하시기에 기뻐하시고, 성도의 예배와 기도가 마음에 한층 더 깊어질 수 있으며, 성도의 사랑이 더 온전하게 나타날 수 있는 훌륭한 성전을 바라는 마음 크다.
- 우리 재적교인이 한꺼번에 모여 은혜의 예배를 드림은 물론이고 2천년대에 춘천의 복음화에 맞추어 성전이 건축되길 바란다. 앞으로 성전은 주일뿐만 아니라 언제나 가족과 함께 나와 거닐며, 하나님의 은혜를 느끼고, 사랑의 교제를 자연스럽게 나눌 수 있는 장소로서의 역할을 해낼 수 있도록 구상되어 전원교회의 모습을 갖추는 것이 바람직하다.

김석권 권사(현 장로)

- 많은 사람 가운데서 택하시고 자녀 삼아 주신 것도 감사한데 이 땅에 사는 동안 성전 건축에 참여할 수 있도록 허락하심 또한 감사드릴 일이다. 각자 주신 달란트대로 협력하여 솔로몬이 건축한 아름다운 성전을 21세기 중앙교회에 옮겨보자. 어려운 문제도 있겠지만 합심하여 뜨겁게 기도하며 두드려보자. 앞서 일하시는 분들을 위해 기도하고 격려하며 하나님의 성전을 건축하는 대역사의 현장에 축복을 보장받는 선한 청지기로 참여해야 할 것이다.

- 춘천시에서는 2000년대 춘천시 인구가 30만 명으로 증가할 것으로 보고 있다. 현재 춘천시 소재 교회는 동시에 약 1200명 정도 예배드릴 수 있는 수준이다. 춘천중앙교회뿐만 아니라 춘천지역 개신교의 중심 선교 역량을 감당하기 위해서라도 대교회 1개소는 필연적이라고 본다. 현대 단위당 예배인원 개념으로 보면 5000석 규모가 미래의 춘천중앙교회 규모와 일치할 것으로 본다. 준비하면 채우시는 분이 하나님 아버지시다.

오인식 권사

- 성전 건축은 단순한 건물을 짓는 것이 아니다. 비용의 문제보다도 중요한 것은 성전 건축에 대한 성도들의 열망 내지 기도가 간절한 상태에서 이루어지는 것이다. 이것이 없는 상태에서는 건축 자체가 어렵기도 하거니와 이루어지더라도 잡음(후유증)으로 교회에 커다란 시련을 주게 되는 경우를 많이 보게 된다. 성도 개개인의 미래의 성전을 바라보며 하나님께 드리는 기도만이 모든 계획에 앞선 가장 중요한 요건이다.

- 예배실에만 치중하지 말고 교회활동에 필요한 부속실을 건실하게 설계되기를 바란다.

- 교회학교 교육을 위한 시설 확충
- 다양한 기도실:개인기도, 그룹기도를 할 수 있는 소규모의 기도실 필요
- 조명, 음향시설의 완비: 밝은 예배실과 강단의 말씀이 분명히 전달되어야 한다.

박생우 집사(현 권사)

- 먼저 100주년을 바라보는 중앙제단을 사랑하시어 꿈과 희망의 새 성전을 건설할 수 있는 은혜를 허락하신 하나님께 감사드린다. 이 지역의 큰 몫을 감당해야 할 우리 교우 모두는 큰 사명을 감당하기 위해서는 굳은 마음가짐과 결심을 해야 한다. 우리는 희망과 용기를 가지고 하나님께 간절히 간구하며 기도하여야 한다. 역사 속에 새 성전을 건설한다는 것은 인간의 힘으로만 이루어지지 않는다. 하나님께서 함께 하셔야만 이루어진다. "노아 같은 준비기도", "아브라함 같은 순종하는 믿음"으로 우리의 신앙이 결실을 맺도록 하여야 한다. 새로운 마음으로 신앙생활에 임하고, 교우 간에 서로 사랑하여 하나가 되고, 복음 안에서 내적 성숙하여 미래의 주역이 되어 그리스도의 향기를 곳곳에 퍼뜨려야 한다.
- 새 성전을 건설할 때는 긴 안목을 가지며 심사숙고하여 아름답고 튼튼하게 건설해야 할 것이다. 주관하시는 분은 하나님이시니 우리는 다만 최선을 다하여 기도하는 것이 제일 중요하다고 생각한다. 우리는 세상의 빛과 소금이 되어 기쁜 마음으로 우리의 사명을 수행하여야 한다.

유청환 집사(현 권사)

- 교회 창립 100주년을 앞두고 여러 가지로 준비해야 할 일들이 많겠지만 그 중 성전 건축은 일부 관심 있는 분들의 실천이 아니라 우리 성도들 모

두가 사명감으로 인식해야만 이루어질 수 있을 것이다. 그저 안일한 생각으로 주일만 지키면 되겠지 했던 제가 이제 춘천중앙교회의 한 지체로서 집사 직분도 받고 여러 모임에 참석하면서 깨달은 것은 먼저 나부터 모든 일에 관심을 갖고 작은 일에도 적극 참여하는 주인의식을 가져야 하겠다는 것이다. 성도 된 우리들은 새 성전 건축에 사랑의 마음을 가지고 기도와 사랑과 물질로 준비하며 모든 일에 동참하여 하나님의 사랑이 가득한 성전을 건축하는데 힘을 모아야 한다.

- 새로 지어질 새 성전은 이제 강원지방의 주역을 담당할 교회로서 선교 2세기를 맞이하여 지역사회의 밝은 문화 증진과 복지사회 건설을 위해 큰 일을 하게 될 것이다. 먼 미래를 내다보며 우리 후손에게 물려줄 안식처가 될 성전은 넓은 공간의 주차장과 성도들이 친교를 나눌 수 있는 대화의 장소로 그리고 테니스장 등 여러 운동시설도 확보했으면 좋겠다. 이렇게만 된다면 우리 성도들뿐만 아니라 믿음을 갖지 않은 분들께서도 언제나 찾을 수 있는 자리가 되어 성도들의 믿음도 강해지고 믿음을 갖지 않은 분들에게도 복음을 전할 수 있는 자연스러운 자리가 만들어지지 않을까 생각해 본다.

- 앞에서도 말씀드린 바와 같이 새로운 희망의 터전을 만드는 데는 우리 모두의 사랑과 봉사가 절실히 필요하리라고 생각되며, 다함께 새 성전에서 믿음을 다져나갈 날이 하루 빨리 다가오기만을 기다린다.

강영숙 집사(현 권사)

- 성도 된 우리들이 가져야 할 마음가짐과 결단은 어떠해야 하는가. 아브라함의 순수한 믿음과 같이 우리 성도들이 열심히 기도하고 찬송하고 사명을 재확인하며 자기의 행동으로 몸소 실천하는 긍정적인 삶을 살아가

도록 노력하며 먼 미래를 바라볼 수 있는 안목을 가지며 오직 하나님께 영광 돌리는 삶을 살 때 우리는 축복의 주인공이 될 것이다.

- 하나님과 오직 나만이 은밀히 교통할 수 있는 조용한 기도실과 모든 시설과 장치가 완벽한 소극장(겸 교육관)이 하나쯤 있었으면 한다.

- 우리들의 힘이 아무리 세다고 잘난 체하고 발버둥쳐봐야 할 수 있는 게 이 세상에 아무 것도 없다는 것을 깨닫고 오직 우리 주 여호와 하나님만을 바라보고 의지하며 어떠한 어려움 속에서도 항상 깨어서 기도하고 이겨내며 감사하고 성전 건축이라는 하나님의 대 역사적인 사업에 한 사람도 빠짐없이 동참하여야겠다. 그리하여 우리들의 온 마음과 정성이 벽돌 한 장 한 장에 담겨 하나님을 기쁘시게 하여 우리들의 삶도 무한한 은총과 축복 속에서 서로 사랑하며 협력하여 선을 이루는 삶을 살아야겠다.

김종해 집사(현 권사)

- 우리가 자기 집을 장만할 때 어렵고 힘들다고 어려움 없이 쉽게 장만할 때까지 기다린다면 지금보다 좋고 큰 집을 얻기는 어려울 것이다. 힘들고 벅차지만 약간의 무리를 해서도 자기의 집을 갖는다는 기쁨과 설렘으로 참고 도전할 때 보다 크고 좋은 집을 장만할 수 있는 것처럼 우리의 성전 건축 문제도 힘들 것과 벅차다는 이유로 늘 뒤로만 미룬다면 언제 새 성전을 얻을 수 있을까? 우리 한 번 생각을 해야 할 것이다.

- 옛날부터 우리나라는 동네마다 농한기나 저녁에는 이야기꽃을 피우며 새로운 정보도 교환하고 동네의 문화센터로서 역할을 교회에서 대행하여 오기도 하였다. 새로운 성전 건축을 생각할 때 미래를 향한 우리 교회도 이러한 기능을 감당할 수 있어야 할 것이다. 우리 기독청소년들을 사회의 건전한 지도자로 육성시키려면 교회에 모여 이야기하고 함께 어울

림을 익히며, 성도들의 문화 휴식의 공간도 제공할 수 있어야 할 것이며, 성가 공연도 다른 회관을 빌리지 않아도 소화시킬 수 있는 음향시설을 갖춘 집회공간과 체육활동을 통해 교우들이 친교를 나눌 수 있는 체육시설과 주차공간을 갖추었으면 한다.

박순남 집사(현 권사)

– 새 성전 건축을 위하여 기도할 때마다 내가 있어야 할 곳이 어딜까 또 무엇을 어떻게 준비하여야 할까 스스로 물어보게 된다. 건축위원회가 구성되었고 성도의 기도를 통하여 크고 아름다운 성전이 세워질 것은 확실한데 주님은 지금 무엇을 원하고 계실까? "시작은 반이다"라는 말이 있듯이 우리 교회가 이 도성과 나라와 세계를 향하여 가는 새 역사는 시작되었다. 나머지 반을 채우기 위하여 우리는 준비하여야 한다. 주님이 거하실 거룩한 처소를 준비함에 불평과 원망, 시기와 질투가 아닌 온전한 믿음으로 하나가 되어야 한다. 우리 한 사람 한 사람을 통하여 이루어질 주님의 뜻을 생각하여 기도로 무장하자. 주님께서는 우리를 성전 건축의 현장에 일꾼으로 부르시고 축복의 주인공이 되라고 하신다. 그 앞으로 나아가는 우리의 두 손에 순종과 희생의 번제물을 준비하자. 나의 좁은 생각과 작은 믿음에서 갈등하는 것이 아닌 온전한 번제를.

– 우리가 흘린 땀방울 위에 역사하시는 여호와이레 하나님을 만나자. 우리의 성전이 아름답고 크게 세워질 만큼 우리의 믿음도 자라 있음을 발견하게 되겠지만 주님 속히 이루어주옵소서.

제1대 성전건축추진위원회의 구성

춘천중앙교회는 1994년 11월 5일 '성전건축추진위원회'를 공식 발족했다. 성전건축추진위원회 구성에 관해서는 1994년 8월에 열린 기획위원회 세미나에서 정식 결의한 바 있다.

성전건축추진위원회의 공식 발족의 의미는 본격적인 성전 건축 추진의 출발을 알리는 신호탄임과 동시에 모든 일이 순조롭게 진행되고 있음을 보여주는 상징성도 내포하고 있었다.

성전건축추진위원회는 성전 건축에 관한 모든 일을 관장하는 기구로, 춘천시 퇴계동에 마련한 부지 위에 하나님이 원하시는 하나님의 집인 성전을 건축하는 단계로 진행하는 막중한 미션을 수행해야 했다. 이에 성전건축추진위원회는 사업 추진의 효율성을 위해 성전건축추진위원회 내에 별도로 상임위원회를 두었다. 전체적인 논의가 필요한 경우를 제외하고는 성전 건축에 대한 대부분의 일은 상임위원회에 일임하기로 하였다. 이 상임위원회는 왕정걸 위원장을 비롯하여 안민 부위원장, 민병재 부위원장, 정세연 총무부장, 강창기 설계부장, 김기태 기획부장 등으로 구성되었다. 이렇게 구성한 성전건축추진위원회는 어떤 성전을 지을 것인지에 대해 차분하게 연구하며 준비했다.

춘천중앙교회가 성전부지 마련 이후 잠시 숨고르기를 하다가 성전 건축에 다시 본격적으로 나선 것은 1996년 들어서였다.

춘천중앙교회는 1996년 4월 7일 저녁 7시30분 대예배실에서 "**1만5천867평의 넓은 새 성전 부지를 주셔서 감사합니다.**"는 의미를 담은 성전부지 확정 감사예배를 가졌다.

이날 감사예배는 새로 마련한 성전건축부지는 어떤 곳이고, 또 성전건축부지 마련을 위한 그동안의 진행상황에 대해 성도들에게 설명하는 시간이었다. 우선 김선진 행정목사가 슬라이드를 이용하여 춘천시 퇴계동에 마련된 새 성전건축부지에 대하여 설명하였고, 이어 김기태 장로가 그동안 어려웠던 새 성전건축부지 마련 과정에 대한 경과보고를 하였다. 또 성전건축추진위원장 왕정걸 장로와 성전건축추진상임위원회 총무인 정세연 장로가 새 성전 건축 계획, 그리고 안민 장로와 장기호 장로의 간증이 있었다.

왕정걸 건축추진위원장은 새 성전은 2천5백 석 규모의 본당과 교육관 사회복지시설, 대형주차장 등을 골고루 갖추어 강원도 지역의 모교회로서 전국 어디의 다른 교회와 비교해도 손색이 없도록 건축하겠다고 추진 계획을 보고하고, 이를 위해서는 모든 성도가 합심하여 물질과 기도로 축복받도록 노력해야 할 것이라고 말했다.

성선건축추진위원회는 예산이 부분적으로 마련 되는대로 1996년에 새 성전에 대한 설계를 마치고 1997년 중에 착공하여 1백주년이 되는 2002년 이전에 완공하여 봉헌한다는 대강의 스케줄을 마련했다.

제1대 성전건축위원회 조직표

위원장 왕정걸

고문 자문위원
한석희, 심재환, 이명훈, 이병수

감사 곽부근, 정진완

부위원장(기획담당) 안민

부위원장(건축담당) 민병재

기획부	홍보부	자금부	총무부	설계부	기술부	시설부
부장	**부장**	**부장**	**부장**	**부장**	**부장**	**부장**
김기태	이경애	김기태	정세연	강창기	장기호	이승오
부원	**부원**	**부원**	**총무**	**부원**	**부원**	**부원**
김창수	신성주	함영자	권순길	조정부	김교익	신상룡
오인식	조한진	박용희	**서기**	곽성진	정성철	강호영
정을섭	강경중	박태원	이영식	여형민	홍기업	최광선
이윤섭	함광복	김남철	김영자	오상집	하재성	성낙섭
권순호			**회계**	장태현	김광해	최지순
			노희영	박찬원		김행교
			이은희			

건축 헌금 시작

성전건축추진위원회를 구성한 춘천중앙교회는 성전 건축을 결코 서두르지 않았다. 서두르면 될 일도 안 된다는 교훈을 깊이 새기며 춘천중앙교회는 철저하게 '준비된 성전 건축'을 위한 만반의 준비를 해나갔다.

성전건축추진위원회는 새 성전은 2천5백 석 규모의 본당을 비롯하여 교육관, 사회복지시설, 대형주차장 등을 골고루 갖추어 강원도 지역의 모교회로서 손색이 없도록 하겠다는 추진계획에 따라 공사비를 추산했다. 새 성전 건축에 필요한 예산은 1백10억 원으로 추정됐다. 이에 성전건축위원회는 우선 공사비 확보 방안을 세웠다. 애막골 대지보상금을 비롯하여 옥천동예배당 매각대금, 예산 집행을 절감하여 비축한 교회 예산, 그리고 성도들의 건축헌금으로 충당한다는 방침이었다. 그 중 건축헌금의 목표액은 50억 원으로 정하였다. 이를 위해 춘천중앙교회는 '1·3·5·5·1운동'을 전개했다. "1-100주년 기념으로, 3-3,000평의 예배당을, 5-5,000평의 대지 위에, 5-50억 원을 헌금하여, 1-100억 원 교회를 짓는다"는 의미를 담은 운동이었다.

새 성전 건축에서 가장 중요하고 필요한 일은 이같이 추산된 공사비를 마련하는 일이었다. 이 재정문제가 해결되지 않고는 그 어떤 거창한 계획도 모두 물거품이 된다는 엄연한 현실을 직시할 수밖에 없었다. 석사동 땅 4천평 추가매입(기도원부지 매입 포함)을 위한 헌금을 성공리에 완수했던 경험을 살려 춘천중앙교회는 성전건축비 마련을 위한 헌금에 적극 나섰다.

춘천중앙교회는 1996년 6월 16일을 첫 건축헌금 약정 주일로 정했다. 건축헌금 약정에 임하는 춘천중앙교회의 모든 성도들의 마음 자세는 하나님의 집은 꼭 우리들의 손으로 짓고 말겠다는 다부진 의지와 열정으로 가득 차 있었다.

권오서 담임목사는 이런 성도들의 열정과 의지에 용기를 얻어 성도들의 적극적이고 자발적인 참여를 호소했다. 1996년 6월 23일 주일예배에서 권오서 담임목사는 '놀라운 축복이 내려 넘칠 줄 믿습니다'며 '불가능한 가능성'(Impossible Possibility)이란 제목으로 설교했다.

"오병이어의 기적은 불가능한 상황에서 문제를 해결하여 가능성의 현실이 되었다는 말씀입니다. 여기에서 얻은 것은 3가지입니다. 첫째, 불가능한 가능성(주님의 축복)은 내 생각과 계산을 초월한다. 둘째, 불가능한 가능성은 절대적 헌신이 있어야 한다. 셋째, 불가능한 가능성은 축복의 비전이 있어야 한다. 광야에서 5천 명을 먹인 것은 도저히 불가능한 일이었지만 주님께는 가능한 일이었습니다. 인간의 눈으로는 불가능하다고 어렵게 보이는 성전 건축, 내 재산과 생각을 접어두고 믿음을 보이길 바랍니다."

권오서 담임목사의 설교는 성도들에게 잔잔한 감동이 되어 성전 건축에 임하는 춘천중앙교회 성도들의 마음가짐이 어떠해야 하는지를 보여주는 거울이 되었다.

그러면서 그는 모세가 성전을 건축할 때의 일을 다룬 출애굽기 36:4 이하의 성경 말씀을 인용하여 다짐했다. 성소에서 일하던 기술자들이 하던 일을 멈추고 모세에게 와서 말한다.

"백성들이 주께서 명하신 일을 하는 데에 쓰고도 남을 만큼 많은 것을 가져오고 있습니다."

이 말씀은 모든 일을 하기에 넉넉할 뿐 아니라 오히려 남을 만큼 있었다는 것이었다. 이처럼 춘천중앙교회 온 성도, 온 가족들은 정성으로 참여하려고 했다. 또 당시 주보에는 매주 '성전 건축을 위한 예물'이란 글을 시리즈로 실어 성도들에게 간접 간증의 효과가 미치도록 했다.

한편 춘천중앙교회는 성도들이 어떤 자세로 어떤 마음으로 건축헌금에 참여할 수 있는지에 대한 안내문을 배포했다.

1. 어린이에서 노인까지 한마음, 한뜻으로 정성껏 봉헌합시다.

이미 성전건축헌금에 참여하신 성도들과 가정의 정성은 하나님께서 기쁘게 받으셨을 것입니다. 약정, 봉헌하신 성도들 가운데 너무나 감동적인 헌금이 많습니다. 장성하여 취직하여 받은 첫 월급을 몽땅 드리기도 하였고, 어떤 부모는 자녀들의 미래를 생각하여 건축헌금을 준비하게 하였으며, 어떤 할머님은 자녀들이 주는 용돈을 정성껏 모아 한 평 값인 250만원을 드리기도 하였습니다. 어떤 연세 많은 권사님은 약한 육신에도 불구하고 손수 품을 팔아 100만원을 감격한 마음으로 드리기도 하였습니다. 생전에 손수 땀 흘려 일하여 성전건축헌금을 드림이 너무나도 감사하고, 기쁜 마음 금할 길 없다고 말씀하시며 이것은 전적인 하나님의 사랑과 은혜라고 고백하기도 하였습니다. 그렇습니다. 돈이 문제가 아니라 마음이 문제요, 신앙이 문제입니다. 아직 동참 못 하신 분들은 어려워하지 마십시오. 하려고 하면 길이 생기고, 안 하려고 하면 핑계가 생깁니다. 그러기에 더 많이 기도하시는 가운데 세미한 음성으로 함께 하시는 하나님의 음성을 들으시기를 바랍니다.

"만군의 여호와께서 말씀하시되 이는 힘으로 되지 아니하며 능으로 되지 아니하고 오직 나의 신으로 되느니라"(스가랴 4:6)

2. 온 가족이 참여토록 합시다.

자라나는 내 자녀들의 미래는 부모님의 손에 달려 있습니다. 신앙교육에 달려 있습니다. 성전 건축은 살아있는 하나님의 역사를 체험하게 하는 생생한 신앙교육이 될 것입니다. 그러기에 어린 자녀도, 직장관계로 외지에 있는 자녀도, 결혼한 자녀까지도 참여할 수 있도록 지도하며 권면합시다. 4년 동안 매월 16,000원을 정성껏 모으면 반 평에 가까운 100만원을 헌금할 수 있습니다. 우리 모두는 할 수 있습니다.

3. 성전건축헌금 약정을 도와 드립니다.

아직까지 감당할 몫을 작정하지 못한 경우나 어려움을 갖고 있는 성도들을 위해 목회자가 도와드리겠습니다. 주저하지 마시고 심방이나 상담을 요청하십시오. 함께 기도하면 하나님께서 감당할 힘과 지혜를 주실 것입니다.

4. 계속 기도하며 나갑시다.

특별기도회는 끝났어도 하나님의 역사는 이제부터 시작입니다. 기도하지 않고는 감당할 수 없습니다. 지금보다 더 많은 시간과 더 많은 교우가 무릎 꿇고 엎드릴 때입니다. 기도는 막힌 길도 열고 험한 산도 무너뜨릴 것입니다.

　자랑스러운 춘천중앙의 2천5백여 성도 여러분.
　다함께 참여합시다. 기도하면서 목사님과 상담하면서 하나님의 도우심을 구하며 우리 모두 참여합시다.
　"네 입을 넓게 열라 내가 채우리라"(시편 81:10)

이런 가운데 뜻 깊은 헌금 미담들이 만들어지고 있었다. 1996년 6월 23일 37년 만에 모교회를 방문한 미국 조지타운 칼리지 법학과 서광하 교수가 달러로 헌금에 참여하였고, 우연히 춘천중앙교회 예배에 참석하였던 제3대 해병대사령관 김대식 장로도 흔쾌히 1천만 원을 헌금했다.
　춘천중앙교회는 힘겹게 목표를 향해 언덕을 오르는 가운데 조금 더 힘을 내기 위해 수차례 기도의 시간을 가졌다

불가능의 가능성

1997년이 밝으면서 그동안 실시하고 있던 건축헌금 누계의 숫자도 점점 커지고 있었다. 1996년 말 5억866만이었던 헌금액 누계는 1997년 1월 5일 5억3천48만원을 넘었다. 불과 일주일새 2천만 원이 넘게 헌금이 되었다. 춘천중앙교회는 조금 더 힘을 모을 필요가 있었다. 불가능하다고 여겨지던 일들이 하나둘 가능성으로 바뀌고 있었다. 교회는 1997년 표어를 "네 장막터를 넓히며 네 처소의 휘장을 아끼지 말고 널리 펴되 너의 줄을 길게 하며 너의 말뚝을 견고히 할지어다"라는 이사야 54장 2절의 말씀을 담아 '새 역사를 이루는 교회'로 정하고 세 가지 목표를 세웠다.

첫째, 준비하는 교인(성전 건축).
둘째, 참여하는 교인(제자화).
셋째, 함께하는 교인(지역과 세계).

이후 춘천중앙교회는 기회가 있을 때마다 "성전 건축을 위해 기도할 때"라는 구호를 계속 상기하면서 기도하고 또 기도하였다. 2월 16일 드디어

헌금액이 6억 원을 돌파하면서 탄력이 붙기 시작했다.

100주년기념성전 건축에 목회자로 성도로 부르심에 깊이 감사함과 아울러 성전 건축은 기도로 시작하여 기도로 진행하며 기도로 마무리하는 기도의 결정체라는 인식이 성도들 가슴속에 깊이 새겨졌다. 21세기의 새 복음을 담아낼 성전을 건축하며 새 시대를 이끌어가야 한다는 다짐들이 이어졌다.

4월 13일 성전건축헌금 누계는 7억 원을 돌파했다. 춘천중앙교회는 그 어느 때보다 지금이 기도할 때라며 평일에 교회에 들러 기도하자는 움직임이 일어났다. 교회에서는 끊임없이 하나님께 부르짖는 기도의 소리가 넘쳐났다. 낮에는 대예배실에서, 밤에는 기도실에서 하루 24시간 쉼 없이 기도소리가 울려 퍼졌다.

4월13일자 주보는 교회를 위해서 기도하자면서 네 가지의 기도의 의미를 제시했다.

첫째, 우리 교회의 미래를 위해 기도하자.

둘째, 꿈을 이루기 위해서 우리가 변해야 한다.

셋째, 사람을 키우는 교회가 되어야 한다.

넷째, 성령이 주장하는 교회, 순종하는 교회가 되도록 기도하자.

1997년 6월 30일 현재 건축헌금 약정 및 수입현황을 보면, 495명이 총 39억9천944만9320원을 약정했다. 이중 실제 헌금이 이루어진 수입은 8억5천976만2920원이었다. 또한 건축기금(확장)과 보상금, 수입이자, 대출적금, 차입금, 가수금 등을 통한 수입금이 32억9천996만4375원이었다. 반면 지출은 대지구입비 24억 원을 비롯하여 대출상환금, 이자, 대출

적금, 각종 수수료 등 17억2천408만5755원을 기록했다. 총지출이 41억3천225만1246원으로 총수입 41억5천972만7295원보다 2천747만6049원이 적었다. 일단 여기까지는 잘 진행돼왔다. 성도들이 한마음이 되어 이룬 결과였다. 시작이 반이라고 했듯 이미 성전은 춘천중앙교회 성도들 눈앞에 서있었다. '불가능의 가능성'을 역설하던 권오서 담임목사의 설교를 하나님이 받아주시고 있다는 증거였다.

1997년 IMF 당시 권오서 담임목사는 그동안의 목회 활동 중 가장 힘들고 외로운 시기를 보냈다고 술회했다. 하나님의 집을 짓기 위해 물심으로 기도하고 준비해왔는데 IMF라는 국가 초유의 사태가 벌어졌기 때문이다. IMF는 가깝게는 춘천중앙교회의 성도들은 물론이거니와 나아가 모든 성도들, 또 국민들의 경제상황에 직접적인 영향을 미치는 일이었다. 단순하게 긴축이 아니라 심하게 말하면 '국가부도사태'여서 시쳇말로 "돈 구경하기가 하늘의 별따기" 만큼이나 어려운 상황이었다. 그런데 춘천중앙교회로서는 그동안의 모든 것을 쏟아 붓고 하나님의 집을 지으려고 하는데 그런 일이 벌어진 것이다. 그러니 담임목사의 입장은 어떠했겠는가. 말하지 않아도 뻔했다. 권오서 담임목사가 느끼는 체감지수는 성도들이 생각하는 것을 훨씬 뛰어넘었다. 그렇다고 장로나 성도들에게 그런 어려움을 털어놓을 수도 없었다. 장로나 성도라면 어려움을 이야기하는 것이 자연스럽지만 담임목사가 이야기 하는 것은 차원이 다른 문제였다. 이것은 성전 건축 자체를 포기하느냐 마느냐 하는 것까지 영향을 미칠 수 있는 무게감이 있는 사항이었다. 권오서 담임목사로서는 이러지도 저러지도 못하고 혼자 끙끙 앓으며 하나님께 기도하는 수밖에 없었다.

그는 하나님께 열심히 물었다. 그리고 하나님께서 이런 때에 IMF가 올 것을 아셨을까 하는 생각이 들었다. 하나님의 역사하심을 의심하는 것이 아니라 목회자이기에 앞서 한 인간으로서 갖는 고뇌일 수 있었다. 너무 힘들었다는 것이 솔직한 술회였다. 대답은 "하나님은 바로 이때에 IMF가 올 것을 분명히 아셨을 것이다"였다. 그런데도 건축을 준비시키셨다. 왜? 역시 하나님은 이 모든 것을 알고 주관하고 계신다고 하셨다. 더 이상의 주저함은 필요 없었다. 일어나 건축해야 한다고 하셨다.

그는 혼자 금식기도원을 찾아 하나님께 매달리기도 했다. 하나님의 집이 아닌가. 이건 나의 개인적 욕심의 발로가 아니라는 기도를 드렸다. 그러자 하나님은 근심 걱정 마라, 내 집을 짓는데 왜 네가 그리 걱정이 많은가, 열심히만 하면 된다, 하셨다.

그는 하나님의 뜻을 확인하고는 안도의 숨을 내쉬었다. 그리고 춘천중앙교회 성도들을 믿고 함께 어려움을 헤쳐나가겠다고 하나님께 다짐하였다.

건축의 해인 1998년이 밝자 춘천중앙교회는 목회활동이나 예산 등 모든 업무에서 성전 건축을 중심에 놓고 실행했다. 특히 예산 부분은 모든 초점을 성전 건축에 맞추어서 짰다.

당시 그 절박함에 대해 재무부장이었던 정세연 장로는 주보에 '20% 절약, 100% 효과로 주인의식 갖기'란 제목으로 기고했었다.

"지난 일 년 동안 여러 성도들의 기도로 우리 교회가 성장된 모습으로 1998년을 맞이하게 됨을 하나님께 감사드립니다.…1997년 말부터 닥쳐온 경제 한파는 우리들의 마음을 위축시켰지만 믿음 생활은 위축될 수 없습니다. 열정적인 기도로 용기를 얻어 더 큰 하나님의 사랑을 체험해야 할 것입니다. 경제가 어렵다고 성령의 역사가 중단되는 것은 아니기에 건축과 선교 사업을 중단할 수는 없습니다. 우리는 부흥성회를 통하여 더 큰 희망을 가지고 축복받는 비결과 고난이 닥칠 때 하나님을 더 가까이에서 부르짖어 발전의 계기로 삼아야 된다는 것을 알았습니다. 우리는 절망하지 말고 더 큰 목표를 위하여 기도하여야 합니다.

헌금은 성도들의 기도이며 소원이므로 하나님의 일을 위하여 정성껏 사용하도록 하겠습니다. 각 기관에서는 부장을 중심으로 모든 성도가 주인의식을 가지고 20% 이상을 절약하여 100%의 효과를 올리도록 할 것이며, 1원이라도 낭비하지 않도록 할 것이며, 행사는 하나님의 영광을 위하여 시행하되 근검절약하여 내용이 알차도록 노력하겠습니다.…"

한편 성전건축추진위원회는 성전 건축 착공을 위해 우선적으로 필요한 공사자금 마련에 나섰다. 이때 춘천중앙교회의 임원들이나 성도들 60여 명이 적극 협조하여 집이나 아파트를 담보로 내어주고 또 보증을 섬으로써 금융권 대출을 받을 수 있었다. 사실 본인 명의의 부동산을 담보로 대출 받는 것은 물론이거니와 보증을 선다는 것은 결코 쉬운 일이 아니다. 그럼에도 춘천중앙교회 임원과 성도들은 하나님의 집을 자신들의 손으로 짓겠다는 의지를 이렇게 드러내며 실천했다.

건축헌금이 만든 아름다운 이야기들

성도들의 건축헌금이 이어지는 가운데 1998년 5월 17일자 주보에 실린 '**신기한 축복공식**'이란 제목의 글이 유난히 눈길을 끈다.

적금통장에 무수히 찍힌 빨간 도장들. 김을희(현대9속) 성도는 통장을 열 때마다 가슴이 벅차오른다. 당시 인도자였던 문순기 권사의 강권(?)에 의해 건축헌금을 작정한 것이 올해로 벌써 3년째. 김을희 성도는 남편이 경영하는 이발소에서 손님들의 면도, 머리감기는 일 등 궂은일을 도우며 수입 중 3,000원씩을 매일 저축한다. 힘들어 짜증날 때도 있지만 김을희 성도는 2001년 적금만기 시 주님께 바쳐질 건축헌금을 상상하면 힘이 솟는다. 개업 당시만 해도 '이발소 해서 밥도 못 먹겠다'던 남편의 푸념이 이젠 옛날이 된 듯 사업기반도 든든해졌다. 물론 김을희 성도의 친절한 서비스와 근실함이 큰 몫을 했다. 김을희 성도는 건축헌금을 하면서 많은 신앙체험을 했다. '우선 매일 적금을 부을 때마다 샘솟는 야릇한 기쁨, 사업의 축복, 세 자녀가 올곧게 잘 자라줘 어느 부자 못지않은 마음의 풍요와 평안을 매일매일 체험한다. 김을희 성도의 바람은 적금만기까지 실수하지 않고 하나님과의 약속을 차질 없이 지키는 것이다. 평신도로서 건축헌금을 통해 많은 신앙체험과 축복을 받은 김을희 성도는 하나님의 축복 공식이 새삼 신기하기만 하다.

10-1 = 10 + 100 + 1000···. + 기쁨 + 감사 + 물질축복 + 자녀축복···.

70대 중반의 한 권사가 아들딸이 보내주는 빠듯한 생활비로 근근이 살면서 새벽기도에 못 와서 죄송하다며 품삯을 받아 마련한 1백만 원을 건축헌금으로 내놓았다. 하루 8시간씩 묘목밭에 쭈그리고 앉아 일하여 받은 품삯이 1, 2만원에 불과하였지만 그 권사는 헌금을 하고 싶어서 열심히 일했다. 그 이야기를 듣고 권오서 담임목사는 헌금을 받은 것 이상의 감동이 있다며 실제로는 받지 않아도 된다고 생각했다. 하지만 그 권사는 하나님의 집에 헌금하지 않으면 나중에 어떻게 하나님에게 가느냐며 한사코 헌금하였다.

1999년 4월 18일자 주보에는 '17 · 18지회 회원들'의 건축헌금 이야기가 실렸다. '건축헌금, 억척스러움도 필요하더라구요'라는 제목의 이 글은 주님의 일을 하는 신앙인의 자세를 다시 한 번 가다듬게 한다.

""50대 중반의 나이, 이미 지천명(知天命)의 때를 훌쩍 넘긴 그들에게 절대 포기할 수 없는, 그 어떤 누구도 빼앗을 수 없는 고귀한 꿈이 하나 있다. 평생을 섬겨온 춘천중앙교회가 20세기를 이어 21세기에도 영혼구원의 생명방주가 되는 것, 그 방주를 튼튼하고도 아름답게 건축하는 것, 이제 그 꿈을 이루기 위한 첫걸음으로 17지회(지회장 박부자 집사 (현 권사)) · 18지회(지회장 김미자 집사 (현 권사)) 회원들은 힘을 모았다. 느헤미아의 지도력 하에 무너진 예루살렘 성벽을 차근차근 쌓았던 이스라엘 민족처럼 그들도 있는 힘과 정성을 다했다. 그 열매로 10년 동안 억척스레 모은 500만 원을 정말 기쁜 마음으로 하나님 앞에 봉헌할 수 있게 되었다. 하나의 지회에서 시작하여 나눠지기까지 동고동락한 세월이 10년. 그간 모든 회원들이 최선의 노력을 다한 아름다운 결과다. 김, 멸치, 몽고간장, 막장, 메주, 약과, 그리고 삼계탕 닭에 이르기까지 그들이 팔아본 물건을 일일이 헤아리기도 어렵다. 품목을 정하고 판로를 확장하는 과정에서 간혹 그들의 부지런함과 억척스러움이 지나쳐 오해를 사기도 했고, 수백 마리의 삼계탕 닭을 손질하느라 비린내를 풍길 때나 콤콤한 메주를 풀어놓고 팔 때는 노골적인 힐난의 눈총을 받기도 했다. 하지만 자타가 공인하는 교회의 중추적인 일꾼인 그들은 더 큰 목표를 떠올리며 기꺼이 감내했다. 형님·아우님으로 부르며 끈끈하고 밀착된 관계를 자랑하는 17·18지회 회원들은 지금껏 그래왔듯이 앞으로도 주님의 일을 계속 도울 계획을 갖고 있다고 했다. 결코 쉽지 않게 마련하여 드린 건축헌금은 모두가 물건을 사주신 분들이 계셨기에 가능했다는 말로 모든 공을 성도들에게 돌리는 그들. 겸손한 그 모습 속에서 칭찬 받을 만한 충성된 주님의 일꾼을 본다. 취재 김정일 집사

한편 권오서 담임목사는 1999년 5월 16일 자 〈춘천중앙교회〉지 기자들과 간담회를 갖고 "이제는 옥합을 깨뜨려야 할 때"라고 강조했다. 이 인터뷰에서 그는 새 성전 건축을 위한 재정 확보는 잘 되어가고 있는지에 대한 질문에 이렇게 답했다.

"성전을 건축하면서 건축비용을 많이 마련하고 짓는 교회는 없습니다. 교회는 믿음으로 시작하고 기도로 짓습니다. 재정적인 문제는 우리 교인들

이 해결해야 할 사명입니다. 현재 건축 헌금이 42억 원 확정되었는데, 순수한 건축비(냉난방, 조명, 커튼, 시스템 제외)만 70억 원이 소요됩니다. 성전을 지어 하나님께 봉헌할 때 순수한 건축비만은 우리가 감당해야 되지 않겠습니까? 이제야말로 신앙으로 귀한 옥합을 깨뜨리는 성도들이 필요합니다. 정성 없이 하나님께서 이 엄청난 역사를 가능하게 하시겠습니까? 헌신 없이 하나님께서 우리에게 축복의 기회를 주시겠습니까?"

제2대 건축위원회 구성과 설계 공모

    춘천중앙교회 100주년기념교회 건축을 위한 준비작업과 헌금을 담당하였던 제1대 성전건축추진위원회가 임무를 끝내고 이제 실제적인 건축을 담당할 제2대 성전건축위원회가 구성되면서 성전 건축을 위한 작업이 본격화되었다.

    2대 성전건축위원회는 우선 성전 설계에 관한 논의부터 시작했다. 설계는 춘천중앙교회의 모교회로서의 역사성과 또 다른 100년을 위한 미래 비전을 동시에 담아내야 하는 성전 건축을 위한 가장 중요하고도 먼저 만들어내야 하는 핵심 작업이었다. 이에 성전건축위원회는 1996년 8월 16일에 있었던 기획위원회 세미나에서 그동안 탐방하고 수집한 국내외의 참고할 만한 교회들에 대한 자료들을 수집, 분석하여 '춘천중앙교회 100주년기념교회'의 건축 방향과 내용에 대한 기본 입장을 정리했다. 이어 9월 30일 100주년기념교회 건축을 위한 '설계 지침 및 설명서'를 만들었다.

    설계지침은 1996년 3월 11일 성전건축위원회 정기총회에서 확정하고, 4월 7일 예배에서 밝힌 바 있었던 안에 기초하여 마련했다.

    이 지침은 "설계자에게 설계 방향을 명확히 제시하여 창의성과 편리

제2대 성전건축위원회 조직표

위원장 안민

감사 곽부근 정진완

부위원장(건축담당) 민병재

부위원장(재정담당) 임봉수

건축부 부장	관리부 부장	감리부 부장	총무부 부장	재정부 부장	협력부 부장	회계부 부장
김교익	강창기	이승오	정세연	장기호	이은희	심재환
부원	**부원**	**부원**		**부원**	**부원**	**부원**
송종철	이기완	이영식		이복희	한석희	김종순
조한진	이영해	정진완		이경애	심성주	곽부근
신경희	강경중	함영자		김창수	노희영	조명강
조정부	함광복			심의섭	김웅일	박경희
김석권	정재준			김용희		이정수

성, 경제성을 갖춘 설계를 위한 지침을 마련"하기 위해서 작성되었음을 분명히 했다. 100주년기념교회를 어떤 교회로 지어야 하고 또 어떤 마음으로 건축에 임해야 하는지 그 마음가짐 등 건축 전반에 대한 숭고한 의미를 함축적으로 담고 있다.

이 지침은 또 건축부지는 "강원도 춘천시 퇴계동 204-2번지 일대"(현 춘천시 영서로 2151번길 30(퇴계동))의 52,454㎡(15,867평)로, 이 중 주거지역이 2,700평이며, 나머지는 그린벨트 지역으로 잡종지 2,152평, 임야 10,620평, 논 395평으로 구성돼 있는 임야와 잡종지가 어우러져 있는 땅으로, 앞에는 경춘선 철길이 지나가고 있다."고 설명했다. 그러면서 지침은 "이 부지에 교회 본관과 선교교육관을 합쳐 900~1,000평의 대지 위에 본관은 지하 1층 지상 2층, 교육관은 지하 1층 지상 3층의 연건평 2,700~3,000평 규모의 교회 건물을 지을 예정"이라고 건축계획을 밝혔다. '건축 계획 방향'에 대해서도 설명하고 있는 이 지침에는 기본계획과 배치 및 동선 계획이 나뉘어 있었다. 기본계획은 모두 12가지 사항이었다.

· 21세기 선교의 역량을 담을 수 있는 공간이어야 하며, 이를 위해 공간 활용과 성도 증가에 대한 충분한 배려가 있어야 함.
· 지역 사회와 주민들에게 열린 공간을 지향하는 열린 교회로서 그들과 함께 하며, 중심적인 역할을 할 수 있도록 할 것.
· 외형은 현대식과 예술성을 함께 나타날 수 있게 하되 교회의 상징성을 충분히 나타낼 수 있도록 할 것.
· 주변 환경과 조화를 이루는 아름답고 개성 있는 건물이 되도록 할 것.
· 예배실은 경건하면서도 편안하며 산만하지 않도록 할 것.
· 설계자의 철학이 담긴 설계가 되고, 실용성과 안정성을 고려할 것.

· 유지, 관리의 효율성 증대와 완전한 단열 시공으로 에너지 절약, 환경, 경제성을 추구할 것.
· 노약자, 장애인, 어린이들이 편안하게 이용할 수 있도록 건물 내, 외를 충분히 고려할 것.
· 성도들 간의 따뜻한 사랑과 만남을 위한 공간을 충분히 배려할 것.
· 오랫동안 싫증이 나지 않고, 볼수록 편안함과 따스함이 느껴지는 건물이 되도록 할 것.
· 빛과 음향의 소중함을 인지하여 충분히 반영하도록 할 것.
· 불필요한 공간을 과감히 없애고 여러 공간을 하나로, 하나의 공간을 여러 개로 나눌 수 있는 기술적인 배려를 할 것.
· 선교교육관은 본관과 조화를 이루되 실용성을 고려할 것(특별히 유치원, 경로대학).
· 강원 지역의 대표적인 교회로 웅장하고 견고하게 건축할 것.

배치 및 동선 계획은 4개항으로 이루어져 있었다.

· 예배뿐만 아니라 시설과 주변을 이용할 수 있는 전원교회로서의 특성을 고려하여 배치할 것.
· 부지의 특성을 충분히 고려하여 건물을 배치하되 사용빈도수에 따른 용이한 출입과 관리를 위한 동선 계획을 할 것.
· 주변지역에 대한 시설물 개방을 위해 건물 배치와 동선 계획을 할 것.
· 선교, 교육관은 수시 이용을 고려하여 출입과 통행이 원활히 이루어지도록 할 것.

PCK가 최종 설명회에서 선보인 춘천중앙교회 100주년기념교회 모형.

이 지침을 마련한 성전건축위원회는 설계자 공모를 위한 본격 작업에 들어갔다. 이에 춘천중앙교회는 좋은 설계자를 만나 원하는 하나님의 집을 짓고 싶은 은혜를 위하여 성전부지 확정 및 성전건축헌금을 위해서 열린 바 있었던 특별새벽기도회를 두 번째로 열었다. 1996년 11월 11일부터 12월 1일까지 매일 새벽 5시 기도실에서 열린 제2차 특별새벽기도회는 "큰 산아 네가 무엇이냐 스룹바벨 앞에서 평지가 되리라(스 4:7)"는 외침 속에서 시작되었다. 기도회에는 교회 건축 설계 공모 후보자 선정 및 앞으로 있을 교회 건축의 많은 계획들을 놓고 온 성도가 기도의 대열에 동참하여 그 어느 때보다도 새로운 각오와 결단으로 뜨겁게 기도하였다. 이런 열과 성을 바탕으로 춘천중앙교회는 설계자 공모에 나섰다.

최근에 교회를 설계한 바 있는 업체들을 추천받아 5개 설계회사를 지명하여 참여하게 하였다. 예비심사를 통해 이 중 3개사를 선택했다. 서인건축, PCK, 보우건축 등 3사였다. 춘천중앙교회는 이들 3사로 하여금 설계작품을 응모하도록 하였다. 그리고 1996년 11월 26일 8명의 심사위원과 장로들이 참석한 가운데 공모 작품 설명회를 개최하였다. 심사 결과 서인건축과 PCK건축으로 압축하였고, 1996년 12월 1일 두 설계회사의 공모 작품을 놓고 마지막 심사에 들어갔다. 이들은 설계모형까지 제작해서 설명회를 가졌다. 공모 작품에 대한 설계자의 참여 정도, 설계자의 신

1997년 5월 PCK 박흥균 소장과 계약을 체결하고 악수하는 권오서 담임목사.

앙, 성전 건축에 대한 설계자의 자세, 춘천중앙교회에서 요구한 설계지침의 숙지 정도, 건축설계·감리에 대한 설계자의 신뢰도, 공모 작품의 조형성 상징성 기능성을 꼼꼼히 따져 심사했다. 그 결과 PCK 작품을 당선작으로 결정했다.

그런데 PCK가 비용 면에서는 가장 비쌌다. 춘천중앙교회는 기꺼이 비용이 비싼 곳으로 정했다. 이건 하나님의 일이다. 아껴야 할 곳에서는 아끼되 상징성과 의미 구현을 위해 필요한 비용은 기꺼이 들여야 한다는 생각이었다. 하나님의 집을 짓는데 결정적인 역할을 하는 것이 바로 설계인데, 그런 설계자를 정함에 있어 비용을 아낀다는 것은 의미가 없었다. 설계에 비용을 많이 들인다 하더라도 유능한 설계자는 저비용 고효율의 설계를 할 것이고, 그럼 비싼 설계비는 결국 공사비는 절감하고 질 높은 교회를 지어주기 때문이다.

한편 1996년 12월 17일 PCK건축 박홍균 소장과 상임위원회는 공모작품에 대해 기탄없이 의견을 교환하였고, 22일에 상임위원회 만장일치로 PCK건축을 성전 건축 설계·감리자로 최종 결정하였다.

모두 37차에 걸친 상임위원회의 사명감 넘친 회의와 전 교우의 뜨겁고도 뜨거운 기도의 결실을 드디어 보게 된 것이다. 1997년 10월 30일 교회 창립기념일을 전후해 첫 삽을 뜨게 될 새 성전의 시설계획이 윤곽을 드러냈다.⟨124쪽 춘천중앙교회가 마련한 시설 계획 참조⟩

이런 과정을 거쳐 춘천중앙교회는 1997년 5월 (주)PCK종합건축사사무소와 '건축물의 설계계약서'를 체결한다. 설계 개요는 52,454m²(15,867평)의 대지에 지하 1층, 지상 4층 규모의 연면적 3000평의 종교시설을 철근콘크리트조, 철골트러스트조로 짓는다는 것이었다. 계약금은 2억4천만원, 설계기간은 계약 시부터 1998년 2월까지 9개월간이었다. 그리고 계약서에 그동안 준비한 '설계지침 및 설명서'를 첨부했다.

다만 중요한 것은 기존에 구상해온 방침들에 너무 연연하지 않은 상태에서 명실상부한 성전을 건축하여야 한다는 점이었다. 그래서 성전건축위원회는 1997년 1월 19일 저녁예배를 마친 후 담임목사실에서 회의를 갖고 설계를 위한 사항을 다시 점검했다. 이날 회의에서 필요한 사항에 대해서는 PCK사와 계약내용을 보완하되, 백지상태에서 교회와 설계자가 협의하여 보완이 이루어져야 한다는 방침을 정했다.

성전 건축에 대한 계획은 인간이 세우지만 이루는 것은 기도에 의한 일이며, 그 기도의 열정에 따라 하나님이 허락하시는 범위가 다르다. 이에 춘천중앙교회는 아름다운 성전 건축을 위하여 눈물의 기도와 땀의 봉사로 기쁨의 신앙생활을 하여 축복의 계기가 되도록 흔들리지 않고 넘치는 믿음을 갖자고 다짐했다.

춘천중앙교회가 마련한 시설 계획

본관

△ 지하 1층

· 기계실 : 전기, 기계, 물탱크, 창고

· 식당 주방 : 새 가족과의 식사, 외부 손님 접대(500명 수용)

· 기도실 : 소예배실 겸

· 개인기도실

· 라운지 : 선큰 가든

· 온돌방 : 주방에서 일하는 성도들의 쉼터(샤워실 포함)

△ 지상 1층

· 성가대실 : 130명 규모, 관현악 설치 공간 고려

· 성가대 부속실 : 가운장, 악보함

· 관현악실 : 악기 보관 연습실

· 소예배실 : 성가대석 설치(350~500명)

· 소회의실 겸 소식당 : 아담한 분위기 조성(80명)

· 세미나실 : 120명

· 담임목사실 : 연구, 상담, 휴게실, 담임부속실

· 부목사실 : 연구, 상담, 공동휴게실

· 사무실 : 재무실 고려, 문서 보존실

· 휴게실 : 커피숍

· 서점

· 화장실

· 역사 선교실 : 벽면까지 활용

△ **지상 2층**

· 대예배실 : 2,300∼2,500명 수용(중2층을 포함)

· 성가대석

· 현관

· 설교단 : 파이프오르간 설치 고려

· 자모예배실 : 세면장, 화장실, 침대(유아용)

△ **지상 중2층**

· 대예배실

· 방송조명실

· 동시통역실

선교 · 교육관

① 교회학교

· 예배실 5곳(유년부 250∼300명, 초등부 250∼300명, 중등부 200명, 고등부 200명,

청년부 100명 규모) : 연령에 따른 특성을 고려하여 규모와 위치를 선정한다.

· 교사실 2곳

· 분반공부실 다수 : 필요한 공간을 고려하되 주중 내지 다용도로 활용할 수 있도록 하

며 가능하면 불필요한 공간 억제

② 소예배실 1곳

· 웨딩홀을 겸해서 사용할 수 있도록 하며 출입을 용이하게 한다.

③ 경로대학 2곳

· 하나는 경로대학 강의실 위주의 공간으로, 다른 하나는 경로대학 부속실을 겸한 다
  용도 공간으로 활용

④ 유치원 3곳

· 3학급(1학급 30명 기준) 교실과 교사실을 설치하되 연령의 특성을 고려

· 주일에는 유치부가 활용할 수 있도록 한다.

⑤ 교사휴게실

· 회의실을 겸하여 사용, 주중 활용

⑥ 도서실

· 교사휴게실에 인접, 수시 이용 가능

⑦ 선교센터

· 오피스텔 형식의 손님방 3곳, 자료실과 소회의실을 고려한다.

⑧ 체육관

· 건물 맨 위층을 이용하되 농구, 배구, 탁구, 배드민턴 정도를 소화할 수 있도록 한다.

⑨ 기계실(기계, 전기실)

⑩ 다목적실 · 라운지

* 체육관 시설 공간(추후): 체육관 설치가 어려울 시 추후 별도의 체육관 시설 공사를
  위해 부지 내 위치를 선정

* 수양관 시설 공간(개발제한구역 내 500평 정도: 추후)

100주년기념교회의 설계

100주년기념교회의 설계는 춘천중앙교회 담임목사의 목회철학, 성도들의 신앙관, 그리고 설계자인 PCK 박흥균 소장의 건축철학이 함께 투영되는 결정체라고 해도 틀린 말이 아닐 것이다.

이에 설계를 맡은 박흥균 소장은 미래의 목회도 예측해야 한다는 입장에서 당시 상황뿐만 아니라 미래에 어떻게 쓰일 것인가를 고민하면서 설계했다. 교회의 상징에 너무 치중하지 말고 그 안에서 어떤 목회가 일어날 것인가를 자세하게 들여다보고 설계할 필요가 있었기 때문이었다.

박흥균 소장은 우선 '100주년기념교회'에서 '100주년'을 무엇으로 해석할까를 놓고 많은 고민을 했다. 권오서 담임목사를 비롯한 장로들, 성도들과 이에 관해 많은 애기를 나눴다. 그는 본격적인 설계에 들어가기 전 의견 수렴에만 두 달의 시간을 할애했다. 건축가는 수동적이어서는 안 된다. 사용자들은 모두 자기 입장에서 공간을 보기 때문에 그들에게서 공간 배치에 관한 애기를 듣는 게 무엇보다 필요하다. 담임목사가 가장 중요하게 생각하는 예배의 규모 역시 가늠해보는 것도 중요하다.

박흥균 소장은 춘천중앙교회의 100주년에 대한 의미를 하나하나 정립

해나갔다. '100년'의 시간은 지금까지의 100년과 앞으로 100년을 경계 짓는 매우 중요한 시대구분선이었다. 그렇다면 그는 '100년'의 의미를 역사성보다는 미래에 방점을 찍어야 한다고 보았다. 앞으로의 100년은 지난 100년의 역사를 디딤돌 삼아 나아가기 때문이다.

그렇다면 교회의 형태는 기존의 것과는 다른 형태가 되어야 한다. 현대인 특히 차세대(초중고 대학생)에게 새로운 메시지를 주는 교회로 만들되, 교회가 집보다 더 좋은 환경이 되어야 한다는 생각이 들었다.

박홍균 소장은 서울 온누리교회의 장로로, 1981년 런던에서 온누리교회의 하용조 목사와 만나 다시 시작하는 온누리교회의 설계에 대해 함께 고민한 바 있었다. 온누리교회의 본당을 설계하지는 않았지만 그는 나중에 자신의 교회건축 철학이 많이 반영된 그 온누리교회에서 신앙생활하면서 특히 차세대를 위한 공간이 매우 중요하다는 점을 깨달았다. 교회는 세대교체를 담아낼 수 있는 공간이어야 한다는 것이었다.

또 그는 목회자의 목회와 성도들의 신앙생활을 알면 그 형태는 자연스럽게 나온다고 생각했다. 그래서 연세가 많은 성도들의 비중이 큰 춘천중앙교회가 미래로 나아가기 위해서는 어떻게 해야 하는지에 방향의 초점을 맞추었다.

건물에 상징성을 부여하는 문제에 대해서도 그는 명확한 입장을 가지고 있었다. 교회 자체가 상징적인 건물인데, 또 다른 상징성을 부여하는 것은 의미가 없기 때문이다. 상징성은 자연스럽게 배어 나오도록 해야 한다. 목회자와 성도의 신앙생활이 자연스럽게 반영되어야 한다. 늘 이런 생각을 하던 박 소장은 춘천중앙교회의 100주년기념교회를 설계하면서 그동안 머릿속에 그려오던 교회를 실제 공간에 펼쳐 보이는 기회로 활용했다. 100주년기념교회라는 콘셉트는 결국 새로운 세기(100년)로 넘어가는 출발점이라는 의미를 담고 있다. 따라서 기존 교회건축의 고정관념에서 벗어나는 것을 가장 중요한 설계 포인트로 삼았다.

교회는 고전적이고 전통적인 입장에서 벗어나야 한다고 생각하지만 사실 전통교회에서 강조하는 본당의 중요성은 미래교회에서도 마찬가지로 중요하다. 하나님의 말씀이 선포되는 공간이고, 말씀을 어떻게 선포하는가 하는 그 방법이 매우 중요하기 때문이다. 따라서 공간의 엄숙함과 경건함, 그러나 권위적이 아닌 목회자와 성도 간에 교감을 쉽고 편하고 빠르게, 그리고 많이 할 수 있어야 한다.

또한 박흥균 소장은 교회가 말씀만 듣고 식사하고 집에 가는 것이 아니라 오래 머무르는 교회가 되어야 한다고 생각했다. 막연하게나마 그런 철학을 가지고 있던 그는 춘천중앙교회 성전건축위원회와 동행하여 해외 교회들을 견학하면서 이 같은 생각이 확고한 신념이 되었다.

춘천중앙교회 해외교회탐방단(권오서 담임목사를 비롯하여 장기호 장로, 김교익 장로, 박흥균 소장 등이 1997년 2월 24일부터 3월 16일까지 진행함)은 3주 동안 미국의 동부에서 서부로 강행군하며 10여개 교회(미국 워싱턴 D.C.의 새크라멘트천주교회, 내셔널장로교회, 워싱턴 내셔널 성당, 뉴욕 호손복음교회, 내시빌 브렌트우드 연합감리교회, 시카고 엠브룩교회, 월로우크릭교회, 로스엔젤레스 수정교회, 새들백교회, 온더웨이교회 등)를 탐방했는데, 시카코 월로우크릭(Willow Creek) 교회와 LA의 새들백교회(Saddleback Church)가 특히 벤치마킹할 만했다. 월로우크릭교회는 목회스타일이 독특하여 한국교회에 영향을 많이 주는 교회로 유명한데, 평신도는 토요일에 주말예배(Weekend Service)라는 이름으로 주일과 똑같은 형식으로 예배를 드리고, 주일에는 새 성도들이 예배를 드린다. 평일에도 예배가 있는데, 맞벌이부부들이 퇴근하면서 곧바로 교회로 와서 교회 식당(카페테리아 수준)

미국 교회들을 탐방하고 수집한 자료들.

에서 밥 먹고 나누고 예배드리고 친교하면서 시간을 보낸다. 선데이크리
스천이 아니라 항상 삶과 신앙생활을 일체화시키고 있었다. 공간도 혁신
적이었다. 본당은 규모가 컸지만 자연스럽게 교감을 나누기 좋은 분위기
였다. 목회자와 말씀을 나눈다기보다 삶을 나눈다는 의미가 강했다. 부
속 공간도 세심한 배려를 하고 있었다. 부모가 교회에 있는 동안 아이들
이 자유롭게 움직일 수 있는 공간을 마련해 놓고 있었다. 특히 인상적인
것은 로비가 매우 넓었다는 점이다. 식당 로비처럼 로비라운지에 테이블
이 배치되어 있었고, 로비에서 거의 모든 친교가 가능하도록 했다. 탐방
자 모두 감탄했다.

새들백교회는 매우 실용적인 가설건물 같은 인상을 받았다. 사시사철
더운 LA의 날씨가 반영된 건물로, 내부와 외부 공간의 조화가 잘 이루어

져 있었다. 사람들은 흔히 건물 안만 생각하는데 새들백교회는 그렇지 않았던 것이다. 춘천중앙교회 터가 넓으니까 적용할 수 있을 것 같다는 생각에서 탐방단은 내부와 외부가 어떻게 어울리는지를 집중적으로 관찰했다.

이런 철저한 준비 끝에 박홍균 소장은 이미 어느 정도 구상이 잡힌 설계 내용을 과감히 바꾸기 시작했다. 건물 외형은 라운드형으로 선택했다. 당시 부지의 앞쪽에 철길이 지나가고 있었는데, 그 선형이 곡선이었다. 성전 터도 자연스럽게 곡선의 형태를 띠고 있었다. 뒤가 산이고 앞이 철길인데다 도로를 또 내야 해서 대지가 앞뒤로 좁고 옆으로 길었다.

박홍균 소장은 본당의 외형에 대해 크게 고민하지 않았다. 터가 가지고 있는 형상을 그대로 자연스럽게 따라가면 될 일이었다. 일부에서 건물 외형을 보고 노아의 방주를 본뜬 것이라고 해석하는 성도들도 있는데, 박홍균 소장은 노아의 방주는 전혀 고려하지 않았다고 밝혔다. 방주 콘셉트는 교회에서 많이 쓰기는 하지만 오히려 폐쇄적이어서 현대 교회의 개념은 아니라는 것이 그의 설명이다.

또한 도시 계획이 잡혀있는 교회 앞부분의 새로운 신시가지에 당당하게 설 수 있는 형태가 요구되었는데, 그것 역시 곡선이었다. 마주할 대규모의 아파트단지에 대해 교회 건축이 뭘 말할까 생각하니까 곡선만한 콘셉트가 없더라는 것이다. 곡선은 대규모 아파트단지에서 랜드마크 역할을 하게해주는 설계 포인트였다. 즉 시가지 쪽으로 펼쳐 아파트사람들을 초청하는 제스처를 반영하여 라운드형 설계를 하게 됐다는 것이다. 뒤는 작은 골짜기가 시작하는 곳이어서 뒷공간은 교회의 다른 세상으로 만들고 싶었다. 아파트 단지에 사는 사람들이 볼 때 어디서든 교회가 보이는, 또 누구한테나 열려있는 교회의 상징적 모습 보여주고 싶었다. 하지만 춘천중앙교회로서는 파격이었다. 그러나 큰 반대 없이 PCK의 설계를 자연스럽게 받아들였다.

교회의 외형을 라운드형으로 한 것은 설계자의 강력한 의지와 새로운 비전을 담으려는 춘천중앙교회의 열망이 서로 맞아떨어진 결과라고 할 수 있다. 춘천중앙교회는 설계지침을 세세하게 만들면서도 교회의 외형이나 전체적인 건물 배치 등에 대해서는 언급하지 않았다. 전문가들의 시선과 분석으로 만들어진 청사진을 보고 교회의 의견을 반영시킬 계획이었던 것이다. 결과적으로 설계자의 제안이 받아들여졌다. 곡선으로 인해 공사비가 많이 들긴 하겠지만 채택하기로 했다. 또한 지붕은 춘천중앙교회의 역사성을 상징하기 위해 자연과 어우러지면서 시간이 흐르면 파란색으로 변하는 청동지붕을 채택했다. 로비는 넉넉하게 했다. 필요한 교육이나 기도 공간으로 연결되는 로비의 기능(친교 공간)이 중요하기 때문이다. 야외는 넓은 부지를 적극 활용하여 오래 머무르며 실외에서도 교제가 이루어지도록 설계했다. 전원교회의 모델이다. 도심에 있으면서 전원교회다운 기능을 수행할 수 있도록 공간 배려에 대해 고민했다. 전원교회는 도심의 실내에 갇히는 곳이 아니라 하루 종일 말씀 듣고 놀고 쉴 수 있는 그런 교회를 말한다.

교육관과 본당을 두 건물로 나눠 설계했다. 그 이유는 당시 3000평(도심의 6천 평 규모)을 계획했는데, 다 짓지 않을 수도 있다고 생각해 순차적으로 건축해도 아무 문제없게 두 건물을 떼어서 설계했다. 철길은 뒤로 갈 수 있다는 얘기가 있었지만 심각하게 고려하지는 않았다. 철길을 옮긴다는 것은 거의 불가능한 일이라고 할 만큼 사람의 뜻대로 될 수 있는 일이 아니기 때문이었다. 그렇지만 설계에서는 큰 제약요소였다. 혹시 뒤로 가지 않을 수도 있다는 전제를 갖고 본당의 앞면에 켜(막이)가 한 번 더 있도록 배려했다. 건물의 외관으로 활용(있어도 그만 없어도 그만)하면서

PCK에서 완성한 100주년기념교회 조감도.

콘크리트 벽면을 이중 설치하는 것과 같은 효과를 주어 기차소리를 비롯한 바깥 소음을 차단하는 역할을 하도록 했다.이렇게 설계는 여러 가지 사항들을 고려하면서 춘천중앙교회의 역사성을 드러내고 나아가 미래비전을 실현하는 공간을 상징하도록 배려했다.

　PCK건축사 사무소가 본격적인 본 설계에 착수하여 1년여 동안 작업 끝에 탄생한 춘천중앙교회 100주년기념교회의 건축 개요는 15,867평의 부지 위에 연면적 2,911평의 성전을 건축한다는 것이었다. 본관은 지하 2층 지상 4층(1,923평), 선교교육관은 지하 1층 지상 3층(937평)이며, 본관과 선교교육관으로 연결하는 연결동은 지하 1층과 지상 2층에 51평으로 건축한다.〈137쪽 PCK가 설계한 층별 건축 내용 참조〉

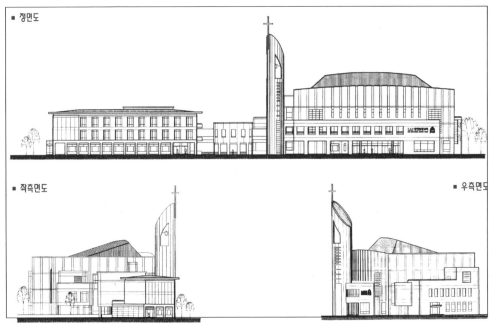

■ 정면도

■ 좌측면도　　　　　　　　　　　　　　　　　　　　　■ 우측면도

■ 지하 1층 평면도

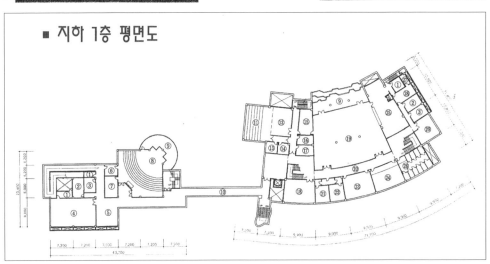

100주년기념교회 평면도와 측면도(사진 위)와 지하 1층 평면도.

■ 1층 평면도

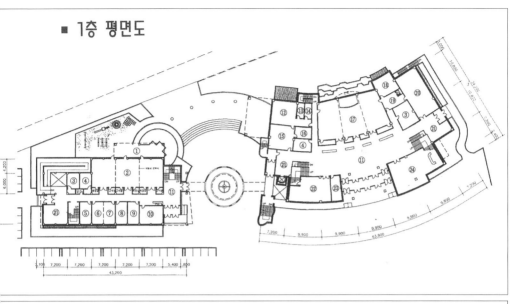

■ 2층 평면도

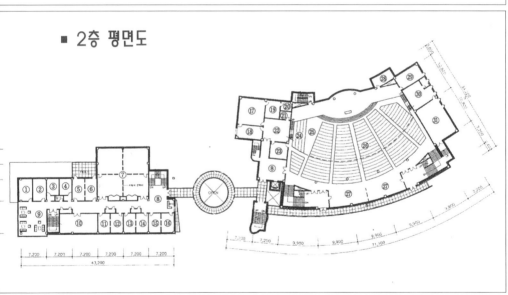

100주년기념교회 1층 평면도(사진 위)와 2층 평면도.

■ 3층 평면도

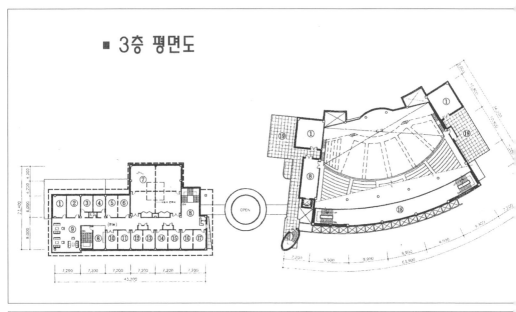

■ 4층 평면도

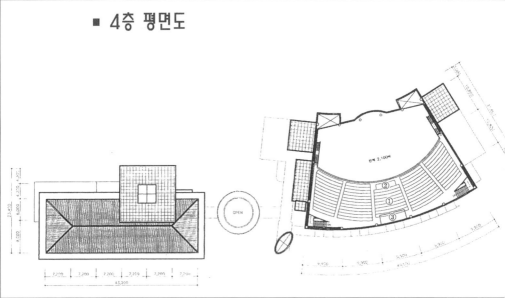

100주년기념교회 3층 평면도(사진 위)와 4층 평면도.

PCK가 설계한 층별 건축 내용

본관

지하 2층 기계실, 전기실, 발전기실(147평)

지하 1층 500석의 식당과 주방 및 봉사자를 위한 휴게실과 샤워실이 있고, 성가대실 (관현악실 및 가운 보관실 별실), 결혼식을 위한 신부 대기실(폐백실), 온돌로 된 개인기도실과 분반실, 방송실(녹음실 별도)과 사무실 배치(486평)

지상 1층 400석 규모의 소예배실(이동식 칸막이 설치), 부목사실(상담실 별실), 사무실(재무부실 별실), 기획위원회 회의실(새 성도실, 소회의실, 소식당 겸용), 음료수가 준비된 친교실, 각종 서적을 구입할 수 있는 서점, 방문객을 안내하는 안내실 설치(467평)

지상 2층 대예배실(1,130석)로 교회의 중심이며 담임목사실, 자모예배실, 유아실 및 소집회실(507평)

지상 3층 대예배실 상위 중간 부분으로 후면은 역사선교실, 성경공부실, 공조실과 루프가든(118평)

지상 4층 대예배실 상층 부분이며(970석), 열린 음향조정실은 앞으로, 동시통역실은 후면에 배치하여 외국인의 예배를 돕게 됨(198평)

선교교육관

지하 1층 신축교회의 특징인 200석 규모의 계단식 예배실(의자 없는 계단), 교역자실, 시청각실 및 기타 다용도실(농아인 예배실) (224평)

지상 1층 유치부 중심의 예배실, 분반실, 사무실(휴게실), 교육목사실, 교사실(232평)

지상 2층 유초등부 중심의 예배실, 분반실, 교사실, 도서실(241평)

지상 3층 중·고등부 중심의 예배실, 분반실, 교사실로 다소 천장을 높게 하여 인성교육 활동 및 기타 활동장소로 이용(240평)

기타

1) 본관 지하 2층에서 지상 4층에 이르는 엘리베이터 설치

2) 선교교육관에는 각 층마다 안내실, 친교할 수 있고 평안을 느끼는 라운지 설치

3) 각층 남녀 비율에 의하여 화장실 배치

4) 항상 이용하는 곳은 지하, 지상 1층에 배치

5) 종탑에는 컴퓨터에 의해 타종되는 종을 설치

6) 새로 매입 예정인 부지와 함께 넓고 충분한 주차장

7) 장기발전계획에 따라 기도, 체육관, 야외공연장, 기타 편의시설 설치

8) 방송실, 전기실, 냉난방실은 중앙집중식이나 부분 사용 가능하게 설치

9) 대예배실 전면에 대형 멀티비전 설치

10) 의자는 장의자가 아닌 개인 의자 설치 연구

11) 선교교육관은 장기 계획에 의하여 2층 증축할 수 있도록 설계

12) 구거지의 변화에 따라 본관과 선교교육관의 연결부분이 달라질 수 있음

13) 뒤의 산은 녹지대 그대로 유지하도록 설계

14) 선교교육관의 각층 예배실은 이동 칸막이를 설치 다용도로 사용 계획

15) 성가대실은 대예배실의 성가대석과 연결됨

16) 선교사 및 외부 방문자의 숙소를 위해 분반실을 온돌로 설치

100주년기념교회의 건축 허가

성전 건축 착공의 해인 1998년이 밝자 춘천중앙교회는 그 어느 해보다 몸과 마음가짐을 새롭게 했다. 100주년기념교회 건축 과정에서 1998년은 그동안 준비해온 성전 건축에 대한 모든 일들이 실질적으로 실행되는 해라는 의미를 갖기 때문이었다.

더욱이 IMF라는 국가 초유의 사태를 맞은 상황이라 모두들 몸과 마음이 얼어붙어 있었다. 그래서 하나님의 집을 짓겠다는 열의로 가득 찬 춘천중앙교회는 얼어붙은 몸과 마음을 녹일 수 있도록 해달라고 하나님께 기도하면서 한 해를 열었다.

1월 18일 새벽특별기도에서 성도들은 하나님을 믿고 의지하는 믿음을 갖게 하고, 믿음으로 성전 건축을 준비하게 해달라고 기도했다. 또한 교회의 표어도 바꾸었다. 학개 2:9의 말씀인 "이전 영광이 나중 영광보다 크리라"로 했다. 또한 2월 1일에는 교회 표어를 "하나님 성전 건축에 대한 열정으로 우리의 마음을 뜨겁게 하소서"로 바꾸는 한편 권오서 담임목사는 "일어나 건축하자"고 설교했다.

이렇게 선전건축에 대한 마음가짐을 새롭게 다진 춘천중앙교회는 PCK

100주년기념교회 건축을 위한 현장 예배.

건축에서 설계를 마침으로써 춘천시에 100주년기념교회의 건축허가신청서를 제출했다. 그러나 춘천시에서는 부지에 접근할 수 있는 도로가 없는 맹지라는 이유를 들어 허가신청을 반려했다. 새 성전 부지에 진입하기 위해서는 새 성전 부지에 인접해 있는 군부대 땅을 활용할 수밖에 없었다. 이에 군부대를 찾아가 군부대 땅을 사용할 수 있도록 사용허가를 받아 건축허가신청 서류에 첨부하여 다시 허가신청서를 냈다. 그리고 7월 3일 마침내 건축허가가 나왔다.

또한 춘천중앙교회는 1998년 8월 100주년기념교회의 공사를 담당할 시공사를 선정했다. (주)이랜드였다. 애초 13개사가 참여의사를 밝혀왔다. 이에 성전건축위원회는 1차 심사를 통해 4개회사로 압축하여 견적서를 제출하도록 했다. 건축비와 시공능력 등을 평가하여 이중 2개사로 압축하였고, 다시 6차례 협의하였다. 그 결과 이랜드가 여러 가지 면에

1998년 10월 8일 (주)이랜드와 100주년기념교회 시공사 계약 체결.

서 만족할 수 있는 조건이었다. 다만 공사비 측면에서 예산 절감액이 너무 커서 한편에서 부실시공의 우려가 제기되었다. 그러나 시방서에 재료 명칭까지 기록하는 등 세심하게 시공상황을 파악하고 있어서 부실시공의 우려는 없다는 판단에 따라 이랜드로 최종 결정하였다.

시공사가 결정되자 춘천중앙교회는 이제 우리 역사상 처음 있었던 IMF체제 속에서도 100주년기념교회를 건축해야만 하는 이중삼중의 막중함과 마주하게 되었다. 많은 사람들이 공개적으로 말하지는 않았지만 이 어려운 때 굳이 성전을 건축하여야 할까 하고 의구심을 가지고 있었던 것도 사실이었다. 더욱이 신앙이 없는 사람들은 무모한 일이라고까지 혹평을 하기도 했었다. 하나님의 역사하심은 보통사람들의 상식으로 이해하려고 하면 어렵다. 춘천중앙교회의 성전 건축 역시 하나님의 은혜로 이해해야 한다.

당시 건축위원장이었던 안민 장로는 이런 점을 감안하여 〈춘천중앙교회〉지 1998년 2월호에 'IMF와 성전 건축'이란 제목의 글을 기고했다.

"…목사님의 설교 말씀에서도 여러 차례 들었던 것과 같이 우리가 요즘 당면하고 있는 어려움은 IMF로 인한 경제 전쟁이라기보다는 영적인 싸움으로, 단순한 정치 경제의 논리가 아닌 신앙논리로 해답을 얻어야 한다는 것입니다. 따라서 세간에서 말하는 IMF의 'F'가 학점이 아니라 신앙적 차원에서 우리들에게 주는 시사적인 IMF의 'F'는 과연 무엇이겠습니까? 그것은 바로 정확하게 말해서 영어 'Faith'로 해석하고 싶습니다. 우리말로 번역하면 '믿음(신앙)'이나 '참뜻'이 정답이 될 것입니다.…'F'를 Faith(신앙)로 본다면 성도들의 모든 문제의 해결은 "믿음"으로 가능해집니다.…우리 교회가 IMF 속에서 성전 건축을 해야 한다는 것은 하나님께서 우리 모두에게 보다 더 많은 축복을 내려주시기 위함이라는 것을 감사하여야 하겠습니다.…우리 모두는 더 열심히 기도하는 교회, 성령이 충만한 교회, 은혜가 풍성한 교회, 충성봉사는 교회, 100주년기념성전을 완공하는 교회, 소망 있는 교회로 축복하여 주시기를 기원합니다.…"

안민 장로는 이 어려운 때 성전을 건축하는 것은 경제논리로 이해하기보다는 영적인 신앙논리로 이해하여야 한다고 강조한 것이다. 아무리 어려운 상황이라 할지라도 하나님의 집을 짓기 위한 몫은 분명히 우리들 은혜 안에 있다. 성전 건축을 위해 성도라면 무엇을 어떻게 해야 하는지는 분명하다. 어려운 가운데서도 성공적으로 하나님의 집이 지어지도록 열심히 기도하고 또 필요한 일을 찾아서 힘을 보태는 일에 솔선수범하는 것이라는 점을 강조한 것이다.

이런 상황에서 권오서 담임목사는 1998년 5월의 말씀에서 '오히려 더 견고한 모습으로 피어나라'는 제목으로 마음을 가다듬자고 호소했다.

"…가정의 달이라는 5월 지금 이 시간에도 많은 가정들이 파괴되고 있다. 특히 나라의 경제적인 어려움이 점점 피부로 와 닿기 시작하는 요즘에는 깨져가는 가정들이 하루가 다르게 늘어난다. 실직을 한 가장들이 가출을 하고 거리를 헤맨다. 따뜻한 이불 속이 아니라 차가운 시멘트 바닥에서 신문지 한 장으로 봄날의 싸늘한 저녁바람을 견딘다. 사업 실패로 혹은 생계 문제로 빚더미에 올라앉은 이들이 스스로 생을 포기한다. 아무 죄도 없는 아이들이 고아가 되거나 혹은 부모의 뜻에 의해서 목숨을 잃어버린다. 오죽하면 그럴까 하는 생각이 든다.…오늘날 많은 가정들이 경제적 능력 위에 그 기초를 두고 있는 것 같다. 물론 경제적인 능력은 가정을 튼튼하게 만들어주는데 큰 도움이 된다. 하지만 가정이란 결코 물질만으로 이루어지는 것은 아니다. 그런 가정은 남편 혹은 아내가 경제적인 능력을 상실하면 금새 위기를 맞고 쉽게 깨진다. 건강한 가정은 보이지 않은 튼튼한 기초가 있는데 그것은 가족들 간의 *끈끈한 사랑*이다. 이런 가정은 풍랑이 와도 견뎌낼 수 있다. 위기가 오면 가족들이 더 단단히 뭉쳐서 위기를 극복하고 오히려 더 견고한 모습으로 회복된다."

권오서 담임목사는 7월의 말씀에서도 어려움 속에서 시작하는 성전 건축에 임하는 우리의 자세가 어떠해야 하는지에 대해 얘기했다.

"지난 7월 3일에 우리 교회 새 성전에 대한 건축이 허가되었다. 그런데 지금 우리에게 성전 건축이 그렇게 쉽지만은 않은 일이다.…요즘 사도 바울을 생각한다. 많은 매를 맞고 착고에 매인 채로 빛 한 줄기 들어오지 않는 감옥에 갇혔던 한 연약한 사람을 기억한다.···그가 당한 어려움은 지금 우리에게 닥친 어려움과 비교할 때 결코 가볍지 않다. 그러나 바울은 담대했다. 바울은 어려움 앞에 고개를 숙이고 움츠러든 것이 아니라 오히려 당당하게 하나님을 찬미했다. 바울은 우리와 비교해서 결코 특별한 사람이 아니다. 그도 맞으면 아프고 묶이고 갇히면 꼼짝할 수 없는 우리와 똑같이 연약한 인간이다. 다만 바울에게는 하나님을 향한 분명하고도 간절한 소망이 있었다. 바울은 그 소망으로 인해 담대할 수 있었고, 또 모든 어려움을 이겨냈다.···사도 바울은 지진을 일으켜 감옥 문을 열 수는 없었다. 그는 단지 자신이 할 수 있는 일, 기도하고 찬송하는 일을 했을 뿐이다. 그랬더니 하나님이 지진을 일으켰다. 지금 우리가 소망하는 성전 건축도 우리의 힘만으로 할 수 있는 일이 아니다. 우리는 다만 우리가 할 수 있는 일을 할 뿐이다. 달라진 것은 없다. 상황이 더 어려워질수록 더 간절히 기도하고 더 충성하는 것뿐이다. 결국 하나님의 일을 이루시는 분은 하나님이시기 때문이다. 지금 우리에게 닥친 어려움은 오히려 우리의 소망을 더욱 간절하고 확실하게 만드는 기회일 뿐이다. 더욱 더 담대한 믿음으로 하나님만 바라보며 달려 나가는 우리 교회와 성도들이 되길 기도하자."

성전 건축 진행 과정

1898년 10월, 서양 열강의 동점이 이루어지는 시대에 춘천에 복음의 씨앗이 뿌려지기 시작하였습니다.

세계 1차 대전, 2차 대전뿐만 아니라 1950년 가족은 흩어지고 국토는 폐허가 되었지만 그 역경 속에서 삶을 영위하며 하나님의 말씀으로 가정과 이웃이 살아오기를 100년. 봉의동, 요선동을 거쳐 옥천동에 자리 잡은 춘천중앙교회의 역사가 면면히 이어왔습니다.

우리 선배 교우들의 눈물의 기도와 헌신으로 여기까지 부흥시켜 온 것은 하나님의 놀라운 은혜임을 생각할 때 오직 하나님께 영광을 돌릴 뿐입니다.

말씀을 듣고 믿음의 형제자매들이 많아져 이제는 4부 예배를 드리게 되었습니다. 춘천중앙교회의 한 형제자매이면서도 얼굴을 모르고 사는 것을 생각하면 안타까운 생각이 한두 번이 아닙니다.

1988년 여름 목회자와 장로 전원이 모여 춘천중앙교회 최초로 건강한 교회로 키워나가기 위한 세미나에서 밤늦도록 진지하게 토의하였습니다. 이때 우리 교회의 증축 또는 재건축 문제뿐만 아니라 이전 문제까지도 토의하였으나 결론을 내리지 못하고 계속 연구하기로 하였습니다. 1년이 지나 1989년 목회자 장로 세미나에서는 다소 진전된 내용으로 현재의 교회를 중심으로 증축 또는 재건축하는 방법을 연구하기로 하고 이를 담당할 건축위원회를 조직하기로 하였으며 이어서 건축 기금 설치를 의결하게 되었습니다.

이런 가운데 성전 건축의 불을 당겨준 분이 계셨습니다. 1991년 5월 당시 권사이셨던 김교익 장로께서 석사동 일명 애막골의 개인 소유 2,000평을 교회 건축을 위해 헌납하셨습니다. 이것이 계기가 되어 2,000평 주변에 4,000평을 더 구입하여 기대하던 성전 건축을 외곽 신흥 개발지역으로 옮길 수 있다는 희망을 가지고 기도하며 준비하였습니다.

그러나 애막골에는 뜻하지 않게 춘천시의 개발계획에 의하여 박물관과 수영장을 건설하게 되어 춘천 시민을 위하여 기꺼이 내어 놓고 다시 하나님이 주실 땅을 찾기 시작했습니다. 산과 들을 다니며 공인중개사 사무실을 뻥뻥 돌면서 교회 부지 찾기에 혈안이 되었습니다.

특히 애처로운 것은 우리 왕정걸 장로님께서 불편하신 몸을 이끌고 어둑어둑한 저녁에 나무숲을 헤쳐 나가시며 힘들어하시던 모습이 선합니다.

이러한 가운데 1994년 8월 임원회의에서 100주년기념성전 건축을 정식 결의하고 48명으로 성전건축위원회를 조직, 초대 위원장에 왕정걸 장로님을 만장일치로 추대하였습니다.

목회자 장로들은 건축할 수 있다는 확신을 가지고 잘 지어진 교회를 탐방하고 탐방 후에는 보고회(평가회)를 개최하여 장점과 단점을 찾고 우리 교회와 비교하여 기록을 남기기를 7회나 하였습니다. 그러나 건축위원회가 방대하여 그 임무 수행의 신속성이 결여되어 건축위원회 안에 건축상임위원회를 두기로 하고 목사님을 비롯하여 13명으로 조직하였으며, 최근에는 건축에 관한 회의가 잦아지게 되자 상임위원 전원 모임이 어려워 5명으로 구성된 소위원회에서 진행하면서 상임위원회, 건축위원회, 기획위원회에 보고 토의 결정하게 되었습니다.

천신만고 끝에 1994년 말경 춘천시 동내면 지역의 땅 7,965평을 최종 구입하기로 하고 진행하던 중 1995년 현재의 부지가 발견되었습니다. 이곳이 성전 건축에 법적인 문제가 없는가를 검토하기 시작하였습니다.

여러 가지 측면에서 조사한 결과 문제가 없다는 결론을 내리고 구입하기로 하고 접근하였습니다. 처음에는 엄청난 가격이 요구되었으나 기도하는 가운데 낮은 가격으로 구입할 수 있는 계기가 발생하였습니다. 처음에는 일부분을 구입할 생각이었으나 동산의 정상에 올라보니 15,867평은 하나님께서 우리에게 주신 약속의 땅이라는 확신 속에서 모두 구입하기로 결정하였습니다.

건축 토의를 시작한 지 8년, 석사동 부지를 수용당한 후 2년 만에 교회 신축부지가 결정된 것입니다. 당시는 어려웠으나 지금 생각하면 얼마나 잘하였는지 하나님께 감사할 뿐입니다. 하나님이 허락하신 건축부지 확정 감사예배와 설명회를 1996년 4월에 하나님께 드리는 기쁨도 나누었습니다.

우리 교우는 성전 건축이 하나님을 기쁘시게 하도록 특별새벽기도회를 1996년 5월 29일부터 6월 16일까지 개최한 후 전교인성전건축헌금을 약정하게 되었습니다. 성전 건축은 목회자 장로님께서 모범을 보인다는 뜻에서 성전건축헌금 약정을 제1차로 실시하였습니다.

성전 건축의 모습을 보기 위하여 성전건축지침서를 작성 발표하는 한편 건축설계자 지명 공모에 들어갔습니다. 공모에 참가한 5개 건축설계회사 중 1차로 3개사를 선정하고, 3개 회사가 제작한 설계도의 공정성과 실용성, 정확성을 객관적 입장에서 평가하기 위하여 대학교수 1명과 공모에 응모하지 않은 건축사 2명, 본 교회의 목사님 외 5명이 설계도 평가위원으로 위촉하여 심사하도록 하였습니다. 평가서를 작성하고 심사숙고한 후 상임위원회에서 개별적인 투표형식으로 의견을 종합하여 (주)PCK 종합건축설계사 사무소를 선정하였습니다. 이제 설계자뿐만 아니라 건축위원들의 의견을 종합하여 2000년대에 알맞은 교회를 건축하기 위하여 목사님과 설계사, 장로님 두 분과 함께 미국의 교회를 탐방하여 새로운 건축

양식을 도입하기에 최선을 다하였습니다.

미국교회를 탐방한 결과와 기획위원과 전문가의 조언을 받아 (주)PCK종합건축 설계사 사무소와 2억4천만 원에 설계 계약을 체결하였습니다.

후세에 잘 설계된 교회라는 이름을 남기기 위하여 전국 7개 교회를 탐방함을 물론 18회의 설계협의, 88회의 상임위원회 회의, 2회의 서울 건축회사 방문, 계속된 특별새벽기도회를 개최하고 있습니다.

특히 건축설계사무소 박흥균 소장은 온누리교회의 집사(현 장로)로 자기 생애 최고의 작품을 남기겠다는 신념으로 기도하며 2년여 동안 설계하였습니다.

1997년 4월 30일 왕정걸 건축위원장께서 건강상의 문제로 위원장직을 사임하고 2대 건축위원장에 안민 장로님이 만장일치로 추대되었으며, 건축상임위원회 조직을 개편하였습니다.

1997년 9월 건축을 위한 경계측량 및 지질조사를 실시하고 여러 개로 되어있는 지번을 합병하는 작업을 계속하였으며, 형질변경을 위한 설계를 주문하고 진입로 확보를 위한 국가 소유의 토지를 사용할 수 있는 토지사용수익허가서를 얻기 위하여 춘천, 원주의 부대를 수시 방문함은 물론 서울 감리회유지재단을 서신 또는 방문을 통하여 서류를 완성, 허가를 얻게 되었습니다.

드디어 1997년 10월 성전 건축 투시도 및 건축 설계가 거의 완성되어 우편엽서의 사진으로 그 모습을 발표하여 기대하고 기다리던 100주년기념성전의 모습을 눈으로 보고 기쁨을 얻게 되었습니다.

그러나 건축비 및 기타 조건으로 1차로 본관만 건축하게 된 것을 안타깝게 생각하나 우리의 마스터플랜이 퇴계골에 완성될 날을 고대하며 기도하였습니다. …

설계가 완성되어 건축회사를 찾기 시작했습니다. 전국에서 13개 회사가 지명

원을 제출하자 이를 바탕으로 평가표를 만들어 공정성을 기하기 위하여 최선을 다했습니다.

모든 회사가 우리 교회를 건축하기에 훌륭한 회사였으나 수차례의 협의를 거쳐 4개 회사로 압축하여 견적서를 내주도록 부탁하였습니다. 4개 회사 모두가 정성을 다해 작성하여 보내준 가운데 건축비와 시공능력 등을 바탕으로 하여 두 개 회사로 압축하고 다시 6차례의 협의를 거쳐 최종으로 (주)E-Land를 선정하였습니다. 이 회사는 젊은이들이 힘차게 일하는 회사로 춘천중앙교회 100주년기념성전을 건축하게 되어 즐겁다고 하면서 최선을 다하겠다는 의지로 현재 준비하고 있습니다. 김경호 본부장을 중심으로 신덕철 현장소장과 (주)PCK 그리고 본 교회가 일심단결하여 새로운 신화를 창조할 것을 기대합니다. (주)PCK를 감리로 1998년 10월 착공하여 2000년 4월을 준공 시점으로 예정하고 있습니다.

선교교육관은 2차 공사로 건축되지만 본관에서 지하 1층과 지상 2층 통로가 설치되며(선교교육관 설계는 완성되어 있음) 교회학교 청년부실 및 휴게실, 도서실, 분반실이 있고 방바닥을 따뜻하게 하는 시설을 갖추어 겨울에는 취침실로 활용할 수 있도록 설계되어 있습니다.

장기계획에 의하여 야외예배당, 산속기도실 및 야외기도처, 넓은 운동장과 주차장 3개, 광장 수양관이 건축될 예정이며, 등산로가 설치되어 2000년대의 전원교회가 되어 한국에서는 물론 세계적인 구원의 요람 사회봉사의 요람 은혜 받는 교회가 될 것을 기대하게 됩니다.

이를 뒷받침하는 것은 우리의 기도와 건축헌금입니다. 1998년 8월 10일 조사된 건축과 관계된 수입은 건축헌금이 16억6천만 원, 확장기금 11억3천만 원, 보상금 8억1천만 원, 차입금 16억4천만 원, 이자 5천4백만 원, 대출적금 2천5백만 원, 가수금 2천7백만 원, 총계 53억4천7백만 원입니다.

지출은 대지 매입 27억4천만 원, 제수수료 2천5백만 원, 제세공과금 6천3백만 원, 대출상환금 9억4천만 원, 지급이자 2억5천만 원, 기타 3억7천만 원, 대출적금 9억1천만 원, 총계 53억 원 지출, 잔액은 4천7백만 원이었습니다.

앞으로 더 필요한 공사비는 70억 원 정도이며, 현재 38억 원은 충당이 가능하나 부족한 부분은 건축헌금의 추가 약정, 교회부지 오월기도원 목사관 등을 매각하여 충당하려고 합니다. 이것은 단순한 건축비입니다. 음향설비, 조경, 의자, 주방기기 등을 합친다면 그 금액은 더 늘어납니다. 이를 위해 더 많은 기도와 헌신을 요청합니다.

자랑스런 춘천중앙교회 성도 여러분, 드디어 간절히 기도하며 기다리던 건축의 대역사가 시작됩니다. 건축업자를 정해놓고 건축비를 조달하지 못한다면 참으로 부끄러운 일입니다. 건축비 충당을 위한 좋은 방법이 있으면 언제든 제공해주시기 바랍니다.

건축헌금뿐만 아니라 1999년도 교회 예산도 초긴축예산으로 편성하여 건축비 충당에 최선을 다하려고 합니다. 교회학교 청년부, 성가대, 각 기관, 각 위원회에서는 예산 절약에 최선을 다해 주시기 부탁드립니다.

* 이 글은 춘천중앙교회 100주년기념교회 건축 기공식을 앞두고 1998년 10월 18일 주일 1, 2, 3부 예배에서 가졌던 성전건축 설명회 내용이다.

제2부
100주년기념교회 건축

100주년기념교회 건축 기공

　"춘천중앙교회가 오는 2002년 교회 창립 100주년*을 맞으며 약속의 땅 춘천시 퇴계동 204-2번지 일대 16,000여 평의 부지 위에 '춘천중앙교회 100주년기념성전'을 건축하고자 합니다. 첫 삽을 뜨는 역사적인 자리에 초대하오니 꼭 참석해주시면 감사하겠습니다."

　춘천중앙교회가 100주년기념교회 건축 기공식을 1998년 10월 26일 오후 2시에 갖기로 하고 초청인사들에게 보낸 초청장 안내글이다. 춘천중앙교회는 숙원이었던 100주년기념교회를 짓기 위한 공식적인 출발을 이렇게 알렸다. 춘천중앙교회는 퇴계동 새 교회 부지에서 갖게 될 기공예배는 크게 3가지의 의미를 두고 준비했다.

첫째, 새 성전 건축부지에서 전 교인이 합심, 기도하고 예배드림에 큰 의미를 둔다.
둘째, 인근 주민에게 일치된 그리스도인의 모습과 성전 건축의 큰 뜻을 알린다.

* 춘천중앙교회의 역사를 쓰기 전에는 춘천중앙교회의 창립년도가 1902년이었으나 교회 역사를 쓰는 과정에서 교회창립년도가 1898년으로 정정되었다.

1998년 10월 26일에 있었던 춘천중앙교회 100주년기념교회 기공예배.

셋째, 전 교인 체육대회를 대신하여 행하되 성전 건축을 위한 하나 된 모습과 소명감을 갖는 단합의 계기를 만든다.

마침내 1998년 10월 26일 아침이 밝았다. 춘천중앙교회의 모든 성도들이 기도하며 손꼽아 기다리던 100주년기념교회 건축의 기공예배를 드리는 날이 온 것이다. 춘천중앙교회는 애초 계획한 대로 오전 11시 전 교인이 모두 현장에 모여 합동예배를 드렸다. 중·고등부는 현장예배에 참석하였지만 유·초등부는 교회에서 별도로 예배를 드렸다. 예배가 끝난 다음 12시 30분부터 춘천중앙교회 전 교인은 떡과 과일로 오찬을 함께 나누면서 100주년기념교회의 기공식에 대한 감격과 성공적인 건축을 위한 의지를 다지는 시간을 가졌다.

기공식은 2시부터 퇴계동 현장에서 열렸다. 춘천중앙교회는 전 교인이 함께 성스러운 기쁨을 나눈다는 점에서 가능한 많은 교인들이 참석할 수 있도록 준비했다. 가장 큰 문제가 교인들을 어떻게 기공식 현장으로 수송할 것인가였는데, 체육대회 때처럼 교회 버스는 물론 성도들의 자가용을 이용한 카풀로 현장에 도착하게 했다. 기공식 현장은 중장비로 평지처럼 정리한 다음 그 위에 천막을 깔아 예배를 드릴 수 있도록 정비하였다.

이날 기공식에는 동부연회 김창수 감독을 비롯하여 유진형 춘천서지방 감리사, 윤철중 춘천기독교연합회 회장, 이요한 교단본부 선교국 총무, 곽철영 춘천중앙교회 원로목사, 임택창 석사교회 목사, PCK종합건축사 사무소 및 이랜드건설 관계자, 그리고 춘천중앙교회 성도 및 인근 주민 등 모두 5백여 명이 참석하였다.

참석자 모두의 조용한 기도로 시작한 춘천중앙교회 100주년기념교회 기공식은 '시온성과 같은 교회'(245장)의 찬송과 석사교회 임택창 목사의 기도, 춘천서지방 감리사인 유진형 목사의 성경봉독(마태복음 16:13~24), 정명자 성도의 특송, 동부연회 김창수 감독의 '베드로의 신앙 고백'이라는 제목의 설교, 안민 장로의 공사계획 설명, 춘천기독교연합회장인 윤철중 목사의 축사 순서로 진행됐다. 이어 권오서 담임목사가 100주년기념교회의 기공을 회중과 함께 선언했다.

목사 어린이들이 하나님의 사랑을 배우고, 은혜와 진리 안에서 자라나며, 하나님과 사람 앞에 귀여움을 받게 할 예배당을 세우기 위하여

회중 우리가 이제 땅을 팝니다

목사 젊은이들이 예배하고, 기도하며, 봉사하면서 그리스도인으로 성장할 예배당을 세우기 위하여

회중 우리가 이제 땅을 팝니다

목사 수고하고 무거운 짐을 진 모든 사람들이 세상에서 얻을 수 없는 내적 평
　　안을 얻게 할 예배당을 세우기 위하여

회중 우리가 이제 땅을 팝니다

목사 모든 사람들이 마음의 안식을 얻고 모든 고통에서 자유와 해방을 누리
　　며 죄에서 구속함을 받을 예배당을 세우기 위하여

회중 우리가 이제 땅을 팝니다

목사 하나님의 은혜가 나타나고 인류애가 발휘되며 우리의 가정이 그리스도
　　화하여 모든 가족들이 기독교 생활의 창조적인 중심체가 되게 할 예배당
　　을 세우기 위하여

회중 우리가 이제 땅을 팝니다

목사 그 안에서 겸손히 엎드려 믿음으로 순종하는 모든 사람들에게 영원한
　　생명을 가져오게 할 예배당을 세우기 위하여

회중 우리가 이제 땅을 팝니다

화답기도

목사 전능하셔서 하늘과 땅과 바다와 그 안에 있는 만물을 지으신 하나님, 오
　　늘 우리가 주님의 은혜로 누리는 모든 기업과 특권을 생각하며 감사를
　　드립니다

회중 주여, 우리의 기도를 들으소서

목사 오늘 주께서 우리의 마음과 생각을 주장하셔서 이 엄숙한 과업을 시작
　　하게 하심을 감사하며, 우리에게 힘과 지혜와 총명을 주셔서 이 귀한 일
　　을 위하여 우리의 재물뿐만 아니라 우리 자신을 하나님께 바칠 수 있게

100주년기념교회 기공예배를 마치고 시삽을 뜨는 장면.

하옵소서

회중 주여, 우리의 기도를 들으소서

목사 주님의 온전하신 사랑의 법을 깨달아 우리에게 주님의 기쁨을 충만케
　　하시고 즐거운 마음으로 주님의 영광을 위하여 우리의 평생을 바치게 하
　　옵소서

회중 주여, 우리의 기도를 들으소서

　모두 '허락하신 새 땅에'(328장)를 찬송한 후 곽철영 원로목사의 축도로
고대하던 기공식은 마무리순서로 들어갔다. 춘천중앙교회 성도들은 기
쁨의 자리가 있기까지 함께 하시고 인도하신 하나님께 영광을 돌리면서

참석자는 물론 지역 주민들에게도 감사의 말씀을 전했다.

기공식의 마지막은 시삽 순서가 장식했다. 권오서 담임목사를 비롯한 내외빈들은 100주년기념교회 건축을 위한 첫 삽을 힘차게 떴다.

기공식이 끝난 후 춘천중앙교회 성도들은 오후 3시부터 지역선교 활동을 펼쳤다. 교회와 주민 간의 첫 만남이라는 점에서 특별히 신경을 썼다. 위화감이 들지 않도록 지역주민들을 배려함과 동시에 하나님의 은혜를 함께 나누는 친교의 장이라는 점을 인지하고 선교에 임했다. 부지 인근의 주민들은 사실 교회가 들어오는 것에 대해 크게 달가워하지 않았다. 하나님을 믿지 않은 비신자들의 막연한 거부감도 있었는데, 자칫 자신들의 생활 터전에 방해적인 일이 있지나 않을까 하는 노파심까지 맞물려 있었던 것으로 보인다. 또한 춘천중앙교회가 예정하고 있는 부지가 1만5천867평에 달하는 방대한 공간인 관계로 자칫 마을에 위압감을 줄 수도 있는 상황이었다.

물론 주민들의 이 같은 인식은 왜곡과 곡해의 결과물이지만 그렇다고 주민들의 생각이 잘못됐다고 지적할 수도 없는 노릇이었다. 만약 지적이라도 하면 되레 인식과 관계만 더 악화될 뿐 함께 해야 하는 춘천중앙교회의 사명과는 정면으로 배치되는 일이었다. 따라서 춘천중앙교회는 이 문제에 대해 세심한 배려심을 갖고 접근을 하기로 했던 것이다.

여하튼 기공예배 후 갖게 되는 지역선교는 퇴계동에 세워질 성전과 이웃한 주민들과 첫 만남을 갖는 소중한 기회였다. 춘천중앙교회는 약 50여 명의 선교인원을 각 선교회별로 선발하여 팀을 조직한 다음 떡과 수건을 인근의 가가호호를 방문하여 정성껏 친밀한 태도로 나누어 주었다. 최대한 예의 바르게, 하나님에 관한 이야기는 최소한으로 절제하고, 교회가 주민들에게 피해를 주는 시설이 아니라 함께 나누는 공간이며, 또 주민들과 함께 한 동네 주민이 된다는 의미를 강조했다. 자칫 하나님과 교회를 너무 강조하며 접근하였을 경우에는 그렇잖아도 부정적인 시각이 있던 터여서 아니함만 못할 수도 있다는 판단에서였다.

한편 기공예배를 드리던 날 화천제일교회에서 건축헌금으로 1천만 원을 가지고 왔다. 이 교회의 1년 예산이 1억 원 남짓인데, 1천만 원이라면 십일조를 가지고 온 것이다. 이 헌금은 춘천중앙교회에게 주는 의미는 남달랐다.

2009년 화천제일교회가 성전을 건축할 때 춘천중앙교회는 옛 은혜를 생각하여 1억 원의 헌금을 쾌척했다. 그때 권오서 담임목사는 화천제일교회가 춘천중앙교회에 십일조를 헌금한 것을 생각하면 3억 원은 해야 한다고 농담을 건네기도 했었다.

본격적인 공사 시작

100주년기념교회 건축 기공식을 무사히 마친 춘천중앙교회는 1999년 표어를 '새 역사를 열어가는 교회 1999년은 건설하는 해'로 정하고 본격적인 건축 작업에 착수했다.

권오서 담임목사는 〈춘천중앙교회〉지 1999년 1월호에 발표한 신년사를 통해 성전 건축에 임하는 성도들에게 기도를 부탁하면서 위기의식을 갖고 그동안 준비해온 것을 바탕으로 변화를 시작하겠다고 했다. 그러면서 1999년의 가장 큰 목표는 성전 건축이라며 두 가지 사항을 주문했다.

우선, 기도의 힘을 모아 달라고 했다. 때마다 시마다 개인적으로 가정적으로 속회나 선교 모임 시 그리고 각종 집회나 기도 모임 시 이렇게 기도해 주기를 간절히 부탁했다. △예정된 공사가 일정대로 진행되기를 위해서 △튼튼하고 아름다운 건물로 지어지도록 △필요한 재정 확보를 위해서 △ 교회 부지, 기도원 매각을 위해서 등.

또 교회 재정도 성전 건축에 초점을 맞추어 최대한의 긴축재정을 꾸리자고 했다.

1998년 성전 건축 재정을 확충하기 위해 20% 절감이라는 초긴축으로

100주년기념교회의 본격 시공을 위해 부지를 정리한 모습.

재정을 운영했던 경험이 있었던 바, 춘천중앙교회는 성전 건축이 본격적으로 진행되는 1999년의 예산은 더욱 더 성전 건축에 맞추어 편성했다.

1998년에는 예산 20% 절감 운동을 펴면서 선교부와 교회 소식지 발간 부서에서 경비절감에 나서는 등 적극적인 전개로 많은 절감 효과를 가져왔지만 난방비와 공공요금의 인상으로 인해 적자가 발생해 추가경정예산까지 편성해야 했다. 그 결과 28.61%의 건축비를 집행하여야 했으나 실제로 23.85% 집행하는 데 그치는 등 어려움이 많았다.

1999년 예산은 1998년 결산 대비 4.1% 증액 편성하였지만 많은 부분이 건축비에 배정되면서 부서별로는 예산이 전년대비 50~60% 삭감되기도 했다. 특히 음악부의 성가대 행사비가 거의 배정되지 못했고, 주일 봉사자 식사비도 30% 삭감됐고, 매주 식비 지출도 전년대비 55%에서 밥, 국과 김치 정도로 간단하게 실시하도록 했다. 식사인원도 200~250명에서 150~200명을 감축하여 운영하기로 했다. 실제 인건비와 건축비를 제외한 나머지 35%를 가지고 교회 살림을 운용하면서 최소의 비용으로 최대의 효과를 내자는 공감대가 형성됐다. 목회자와 직원들 역시 어려움을 함께 한다는 의미에서 상여금 200%를 반납하였고, 기본 성역비에서 추가로 10.7%를 반납하는 목회자도 있었다.

총 예산 중 건축비가 차지하는 비율은 전년대비 8.89%가 증가한 37.5%로 4억2천만 원이었다. 건축비는 월 3천5백만 원 수준으로 모든 지출에서 가장 우선순위를 두고 집행한다는 계획이었다.

정세연 재정부장은 교회의 재정 집행에는 모든 분들의 도움이 필요하다며 전화 한 통화나 전등 하나 종이 한 장이라도 절약하여 성전 건축의 대역사를 이루자고 호소했다. 이렇게 모두가 합심하며 허리띠를 졸라매며 시작된 성전 건축이라는 대역사는 한 발 한 발 앞으로 내디디면서 조금씩 그 모습을 드러내기 시작했다.

공사현장은 항상 살얼음판을 걷는 듯한 아슬아슬함의 연속이었다. 우선 시공사인 이랜드건설이 교회 건축 경험이 적은 데다 본당의 외형이 흔한 사각형의 건물이 아니라 반원형의 독특한 형태를 띠고 있어 이중고를 겪어야 했다. 특히 반원형의 벽면 시공이 보통 까다로운 일이 아니었다. 콘크리트 타설을 위한 거푸집은 대부분 평평한 판넬 형태를 띠고 있어서 이를 곧바로 현장에 설치할 수 없었다. 결국 거푸집을 모든 앞면 벽체를 고려하여 특수제작하여야 했다. 더욱이 이런 상황에서 거푸집을 높게 설치하고 그 안에 콘크리트를 타설할 수 있는 상황이 못 되어서 결국 한두 번이면 끝날 일을 조금씩 높여가며 여러 차례 작업해야 하는 어려움이 있었다. 결과적으로 건물 외벽의 강도는 훨씬 강해지는 효과가 있어 힘든 만큼 튼튼한 성전을 지을 수 있어서 어려움도 큰 힘이 되었다.

당시 〈춘천중앙교회〉지는 1999년 4월호에서 성전건축현장 상황을 생생하게 실었다.

…'공사 시작 98. 10. 30 무재해 목표일 543일 목표달성 159일, 달성률 29%'라고 쓰인 게시판을 보니 하루하루 안전하기를 바라는 마음을 읽을 수 있었다. 마침 작업을 살펴보던 공사과장님께 이것저것 궁금한 점을 물어보게 되었다.

현재 공정은 지하 1층 바닥과 지하 2층 벽면을 세우고 있는 중이었는데, 건축은 하나에서 열까지 사람 손이 필요한 작업이라는 이야기를 듣고 보니 철근 하나 심어진 것에도, 버팀목 하나 세워진 것에도 그 일에 쏟아졌을 땀과 정성을 느낄 수 있다. …우리는 잠시 후 우리 교회에서 파견된 감독관인 최택현 집사님을 만나 이야기를 나누게 되었다. 그는 우리 교회 건축의 특징 중 하나는 외벽 마무리를 법랑판으로 하게 되는 것이라고 설명하며, 석재보다 내구성이 훨씬 강해 건물의 수명이 길어진다고 하였다.

"앞으로 50년은 손볼 필요 없이 청소만 잘해주면 될 겁니다. 그 후부터 조금씩 보수하면 100년은 거뜬히 사용할 수 있는 건물이 될 겁니다."

최 감독관은 그의 꼼꼼한 감독 때문에 현장에서는 악명(?)을 떨치고 있다. "내 집을 짓는 것도 아닌 성전을 짓는 건데 당연하지요. 교인들이 보기에도 만족스러운 성전이 되도록 해야 하구요."

기도동산이 될 곳과 산책로를 돌아보며 앞쪽에 있던 철길을 산 너머로 옮겨지게 역사해 주신 것이 성전 건축을 기뻐하시는 하나님의 표적인 듯하여 다시 한 번 감사의 기도를 드렸다. 공사현장 한쪽에 노송 한 그루가 서 있다. 넓게 펼쳐진 가지가 많은 이들에게 쉼터가 되었던 듯하다. 우리 교회도 세파에 시달린 사람들에게 쉼터와 생명수를 공급해주는 교회가 되길 기도하며 현장을 떠난다.

한편 100주년기념교회 건축현장예배가 1999년 5월 30일 오후 5시에 퇴계동 성전건축현장 1층 바닥 위에서 드렸다. 가나안 복지에 첫발을 내디뎠던 옛 이스라엘 공동체의 감격을 되새기며 감사로 충만한 가운데 이은희 장로의 사회로 진행된 예배에서 권오서 담임목사는 '**주의 전을 건축하라**'(역대상 28장 1~10절)는 제목으로 설교했다. 예배를 마친 전 교인은 1만5천867평의 교회 터를 돌아보며 아름다운 터전을 허락하신 하나님께 다시 한 번 감사를 드렸다. 성전건축현장예배는 2층 바닥이 마련되면 다시 그 위에서 드려질 예정이다.

이날의 감격을 〈춘천중앙교회〉지(1999년 5월호)는 '**퇴계골에서 울려 퍼진 주님의 향한 찬양**'이라는 제목으로 건축현장 예배 모습을 전했다.

아카시아꽃 향기가 싱그러운 초여름 이른 저녁! 퇴계 벌판에 주님을 찬양하는 한 무리 가브리엘 천사들의 찬양이 울려 퍼지고 있었다. 지난 5월 마지막 날 저녁, 지하 2층 공사가 마무리되고 지상으로 모습을 드러낸 약 530여 평의 1층 바닥에서 춘천중앙 1,000여 명의 성도들은 감격스런 100주년 새 성전건축현장예배를 드렸다. 지금 앉아있는 이 자리가 앞으로 우리 성전의 기초가 되는 곳이라는 생각을 하니 불과 몇 달 전만 해도 이곳이 과연 황량한 벌판이었나 하는 생각과 함께 또다시 몇 달 뒤에는 하나님을 찬양하는 전이 될 것이라는 생각에 가슴이 벅찼다. 이날 목사님께서는 에벤에셀의 하나님께 감사와 영광을 돌리며 '주의 전을 건축하라'는 제목 아래 우리 성도들이 "후손들에게 어떤 신앙의 유산을 남길 것인가?"라는 말씀을 주셨다. 모든 준비를 갖춘 이스라엘의 왕 중의 왕인 다윗에게도 허락하지 않은 성전 건축을 부족하고 죄인 된 우리에게 허락하심은 그만큼 하나님이 우리를 인정하시고 기대하시고 또한 축복하여 주시기 위함임을 깨닫고 힘써 행하여야 한다고 힘주어 말씀하셨다. 예배가 끝난 후 담임목사님을 선두로 부지답사가 있었는데, 그 규모의 방대함에 다소 얼이 빠진(?) 면도 있었으나 이곳이 우리의 후손들이 200주년 아니 300주년 창립 기념예배를 드릴 곳이라 생각하니 골짜기를 따라 산을 오르는 성도들의 얼굴에 묻어나는 희망과 자부심을 막을 수 없었다. 이렇게 가까운 곳에 하나님이 우리 춘천중앙교회를 위해 예비해 주신 멋진 곳이 있었다니 역시 하나님의 위대하심을 다시 한 번 느낄 수 있었다. 또한 주변에 약 1만5천 세대의 아파트가 입주할 예정이라고 하니 하나님의 섭리를 도저히 우리의 짧은 지식과 경험으로는 예측할 수 없음을 다시금 깨닫게 된다. 우리는 이곳이 그들의 영혼 구원의 방주로서 메마른 영혼을 달래주는 샘물의 역할을 감당하게 되기를 기대해본다. 처음 현장을 찾은 성도들은 가슴 벅찬 하나님의 사랑을 느끼며 모두들 성전 건축에 참여해야겠다는 결심을 성도들 얼굴에서 읽을 수 있었다. 비록 우리가 지금은 어려운 가운데 성전을 건축 중에 있지만 먼 훗날 이곳을 찾는 우리의 손자손녀들에게 훌륭한 믿음의 조상으로 기억되리라 확신한다. **취재 나연금** 기자

2차 건축헌금

1999년 6월 13일 춘천중앙교회는 100주년기념교회 건축을 위한 제2차 건축헌금 약정봉헌식을 가졌다. 약정봉헌에 앞서 5월 23일 권오서 담임목사는 성전 건축에 대한 중간보고를 하면서 제2차 건축헌금 약정 목표를 1000평(평당 360만 원, 총 36억 원)으로 정했으며, 제2차 건축헌금을 작정하면서 전교인 결단의 기회를 가질 계획이라고 밝혔었다.

이날 중간보고에서 권오서 담임목사는 건축헌금을 작정한 지 3년이 되었고, 실제 건축이 많이 진행되면서 그만큼 많은 건축비가 소요되어서 건축비 추가 확보가 절실하다고 밝혔다. 교회 건축은 교인들의 힘으로 합심하여 감당해야 하는 하나님의 사업이란 점에서 건축헌금 한 번으로 내 할일을 다하였다는 생각은 버리고 다시 한 번 마음을 모으자고 호소했다.

권오서 담임목사는 당시 춘천중앙교회의 재정상황과 계획에 대해서도 설명했다. 교회 부지와 기도원 매각대금은 건물의 내부 시설과 조경비에 쓸 예정이라고 했다. 일부 교회에서 교회를 지으면서 교회채를 발행하거나 은행보다 조금 높고 사채보다 조금 낮게 이자를 주고 성도들의 여유

자금을 활용하는 등 다양한 방법을 동원하여 재정문제에 대응하는데, 이 모든 재정대책들이 교회에 대한 사랑과 애착이 없으면 불가능한 일이라고 했다. 이에 춘천중앙교회 장로들은 이미 집이나 아파트를 담보로 제공하여 은행에서 대출을 받아 건축비에 충당하고 있었다. 이제는 장로들뿐 아니라 담보를 제공할 수 있는 성도들의 적극적인 참여가 필요했다. 이자 부담이라도 줄이기 위해 무이자로 대여할 수 있는 교인들의 도움도 절실했다.

권오서 담임목사는 신앙생활을 처음 하는 교인들에게 이런 문제가 부담으로 작용할까봐 몹시 염려가 되지만 완공 1년을 남겨놓은 시점에서 교인들의 성숙하고 깊은 이해가 필요하다고 했다. 우리의 헌신이 있어야 하나님도 우리의 문제를 들어주실 것이다. 하나님의 집을 위해 헌신하는 것이 때로 내게 부담이 되더라도 당연하게 생각해야 한다. 부담이 없으면 기대할 수 있는 축복도 없다. 성전 건축의 과정 과정이 한 단계 한 단계 진행될 때마다 기쁨도 있지만 어려움도 많다. 그러나 우리가 하나님 앞에 헌신을 결심할 때 하나님도 한 단계 한 단계 은혜로 채워주시는 것을 깨닫게 된다고 했다. 그러면서 그는 성도들에게 이런 말로 특별당부를 하였다.

"성도들에게 특별히 당부할 말은 많지만 우선 몇 가지만 말씀드리도록 하겠습니다. 첫째는 당면한 성전 건축의 문제입니다. 성전 건축이 남의 일이 아닌 바로 나의 일이고 문제임을 인식해야 된다고 생각합니다. 우리가 후손들에게 어떤 신앙의 유산을 남길 것인가를 생각하고, 열심히 기도하고, 열심히 헌신할 때 하나님께서 우리 교회와 성도들을 크게 들어 쓰시리라 믿습니다. 건축하는 몇 년간이라도 목회자와 성도가 하나가 되어 혼신의 힘을 다하면 이 난관을 잘 극복할 수 있으리라 믿습니다. 둘째는 새로운 21세기를 어떻게 맞을 것인가 하는 문제입니다. 이것은 온 성도가 우물 안개구리식의 편협 된 믿음에서 탈피하여 세계를 향한 열린 믿음을 가져야 할 때라고 생각합니다. 건축된 교회를 통해 이루어질 비전이 없다면 그것은 창고나 마찬가지입니다. 특히 예배 형식에 있어서도 21세기의 주역인 청소년들을 끌어안을 프로그램을 지속적으로 연구, 발전시켜야 할 때라고 생각합니다."

이 무렵 옥합을 깨뜨리는 감동어린 일이 벌어졌다. 1999년 6월 대심방을 받던 중앙1속의 K집사가 성전건축헌금 대신 평소 간직했던 금팔찌와 금반지를 담임목사에게 내놓았다. 이에 담임목사가 축복기도를 하자 감동한 K집사가 떨며 흐느꼈고, 참석했던 모두가 감격의 눈물을 흘렸다.

성전 건축이 시작되면서 가난한 K집사는 건축헌금을 하지 못해 늘 마음의 빚을 진 것처럼 지냈다고 한다. 넉넉지 않은 형편이라 하나님께 드릴 헌금이 없었기 때문이다. K집사는 가난한 집에 시집와 남의집살이, 행상 등 안 해 본 일이 없이 고생해가며 3남매를 키워 모두 출가시키고 청각장애가 있는 남편과 근근이 생활하고 있었다. 안타까운 점은 젊어서 겪은 고생으로 얻은 만성관절염으로 손 마디 마디가 다 휘어졌고, 신장이 나빠 절제수술도 하고, 방광이 없어 화장실을 수없이 드나드는 등 늘 지병으로 고생하고 있다. 하지만 철거민주택에서 없이 살아도 K집사는 속회 때는 감자떡과 부침개를 만들어 속회원들을 후히 대접하고 또 싸서 주는 넉넉함과 넘치는 사랑이 있는 분이었다. K집사는 정상적인 생활이 불가능한 몸이지만 호구지책으로 추수가 끝난 남의 밭에 가서 감자며 배추 등을 거둬다 살림에 보태곤 했다.

그런 K집사는 출가한 자녀들이 마련해준 예물을 생각해냈다. 그래서 K집사는 대심방에 맞춰 이 예물을 건축헌금으로 아낌없이 봉헌했던 것이다. 자녀들이 주는 용돈으로 근근이 생활을 할 만큼 여의치 못한 K집사에게는 재산목록 1호라 할 만큼의 큰 예물이었다. 사르밧 여인의 마지막 남은 가루와 기름보다 더 값진 옥합을 깨뜨린 K집사의 아름다운 감동이 춘천중앙교회의 100주년기념교회 건축의 밀알이 되었음은 두말할 필요가 없으리라.

이런 마음들이 모여 6월 13일부터 7월 11일까지 봉헌된 2차 약정헌금은 총 11억2천5백만 원을 기록했다. 당초 세웠던 목표액 36억 원보다 적은 금액이었다. 이로써 1, 2차 예산 70억 원(내부 시설 제외한 금액)에서 24%나 모자라는 금액이었다.

하지만 이 70억 원은 성도들의 헌금으로 해결해야 한다. 아직 1차 약정이 끝나지 않은 상황이었고, 2차 약정을 하지 못한 성도들이 많이 있으므로 2000년 4월 완공을 목표로 차질 없이 건축이 진행되기 위해서는 재정적 뒷받침이 시급히 요청되므로 성도들의 적극적인 동참이 요구되었다. 당시 춘천중앙교회는 재정부족분은 대출로 채워가고 있었고, 이자는 경상비에서 지출하고 있었다.

그래서 춘천중앙교회는 1999년 6월 20일 전교인들에게 '100주년 기념성전 건축을 위한 2차 안내말씀'을 보낸다.

…지금, 우리 교회는 시대적 한계와 난관을 극복하며 날로 부흥하고 있습니다. 더욱이 새 시대, 새 역사를 열어가기 위해 새 성전을 준비하는 가운데 지난 1998년 10월 26일 역사적이고 감격적인 성전 기공 예배를 드렸습니다. 이를 위해 우리는 정성어린 헌금과 쉼 없는 기도로 함께 해 왔습니

다. 우리의 믿음과 정성을 보신 하나님께서는 믿음의 설계자를 만나게 하셔서 좋은 설계를 하게하셨고, 신실한 건축업자와 감리자를 보내주셔서 믿는 마음으로 일하게 하셨습니다. 솔직히 기공하기까지 순간순간 힘들고 어려운 일도 있었지만 그때마다 필요한 사람을 만나게 하시고 필요한 기관을 움직이셔서 은혜롭게 해결해 주셨습니다. 그러나 지금부터가 더 중요합니다. 달려온 길보다 앞으로 달려가야 할 길이 더욱 힘들기 때문입니다.… 이제 다시 한 번 우리의 힘을 모으고자 합니다. 이미 한 차례 성전건축헌금을 약정하여 많은 성도들이 기쁨으로 참여해 주심에 감사드립니다. 그러나 그것으로 부족하여 제2차 건축헌금을 드려야 할 형편에 처해있습니다. 지금껏 한 번도 약정하지 못하신 분들만이 아니라 이미 한 번 하셨던 분들이라도 옥합을 깨뜨리는 심정으로 정성껏 참여해 주시기 바랍니다. … 우리 모두는 춘천중앙의 한 가족이며 동반자이고 같은 배를 탄 신앙의 공동체입니다. 그러므로 비록 힘들고 어렵지만 우리 모두 자원하는 마음으로 참여합시다. 고통과 기쁨도 함께 나눕시다. 어린아이로부터 노인에 이르기까지 우리의 믿음과 정성을 모읍시다. 교회 창립 100주년이 되는 2002년까지 앞으로 3, 4년은 10의 2조를 드리는 마음으로 적극 참여합시다.…

이렇게 모든 성도들이 한 마음이 되어 성전 건축에 매진하는 가운데, 1999년 8월 7일에 소천한 권오서 담임목사의 부친이신 권영식 권사가 임종하기 전 그동안 절약하며 아껴 모은 5백만 원을 건축헌금으로 봉헌하였다. 권영식 권사는 서울종교교회 원로권사로 40년간 초등학교 교장으로 근무하였고, 권오서 담임목사가 막내아들이다.

또한 1999년 11월 14일 춘천중앙교회를 방문한 쥬디 목사(당시 82세), 쥬진주 장로(당시 84세) 부부가 바쁜 일정 속에서도 춘천중앙교회 성전건축현장을 돌아보고 1천 달러를 건축헌금으로 내놓으면서 자신들이 떠나기 전까지는 아무에게도 알리지 말라고 한 사실이 뒤늦게 알려졌다. 원주기독병원 창립 기념초청을 받고 내한한 이들 부부는 1983년 정년 후 두 번째 방한이었다. 1948년 미국 감리교 소속 선교사로 한국에 파송된 이들 부부는 쥬진주 장로가 1968년 중앙유치원 원장 직을 맡으면서 춘천중앙교회의 기독교 교육과 종교음악 발전에 지대한 공로를 세우는 등 춘천중앙교회 역사의 산증인들이다. 이번에 춘천중앙교회를 방문해 2, 3부 예배를 드리면서 특히 평소에 종교음악에 관심이 많은 쥬 장로는 생동감 있고 은혜가 넘치는 2부 예배에 많은 은혜를 받았다며 외적 내적으로 급격히 성장한 춘천중앙교회의 모습에 감격해 했다. 넉넉지 않은 연금으로 근근이 살면서도 근검절약으로 평생 남을 위해 헌신 희생하는 이들의 감동적인 삶이 우리에게 예수의 모습으로 다가왔다.

옥천동예배당 매각

    춘천중앙교회는 100주년기념교회를 건축하면서 건축에 필요한 비용을 마련하기 위해 2차에 걸쳐 온 성도들을 대상으로 헌금을 실시하는 등 다각적인 노력을 강구하고 있었지만 여전히 힘겨운 상황이었다. 특히 건축비 조달 계획에서 상당한 비중을 차지하고 있는 옥천동예배당의 매각 문제 또한 매우 중요한 현안이었다. 이에 춘천중앙교회는 옥천동예배당의 매각을 위해 많은 노력을 기울이고 있었다. 하지만 예배당 건물이 사라지지 않고 보존되어야 한다는 전제조건을 충족시키면서 매각해야 했기에 뾰족한 방안이 거의 없다고 해도 틀린 말이 아니었다.

    춘천중앙교회의 옥천동예배당은 춘천중앙교회의 역사는 물론이거니와 춘천 나아가 강원도에 대한 선교 역사를 고스란히 담고 있는 산실이었다. 또한 1972년에 건축한 일명 '아폴로교회'는 건축 양식 면에서도 여러 가지 중요한 의미를 담고 있어 보존적 가치가 충분했다.

    그런 남다른 의미를 지닌 옥천동예배당이 만약 주택건설업자가 매입하여 예배당을 허물고 그곳에 아파트를 짓는다고 상상하면 아쉬움과 상실감이 이만저만이 아니었다. 한 세기를 지나오는 동안 춘천중앙교회의

춘천예술마당으로 변모한 춘천중앙교회 옥천동예배당.

역사 절반 이상을 만들어낸 복음의 산실이 사라지는 것이었다. 이에 춘천중앙교회 100주년기념교회 성전건축위원회는 총무부장을 맡고 있던 강창기 장로에게 옥천동예배당 매각 문제를 담당하도록 했다.

강창기 장로는 예배당 건물을 고스란히 보존할 수 있는 현실적인 방안이 무엇인지에 대해 고민했다. 어느 날 춘천시 중앙동 출신의 한 시의원이 동사무소가 없는 중앙동의 동사무소 부지를 찾고 있다는 소문이 강 장로의 귀에 들려왔다. 이에 강 장로는 매각을 추진했으나 당시 안전행정부에서 동사무소 건축을 허락하지 않아 중앙동 동사무소 건축 계획은 무산됐다.

그러나 하나님은 춘천중앙교회의 간절한 기도를 받아주셨다. 1999년 11월 〈강원도민일보〉를 비롯한 주요 언론사와 춘천예술총연합이 주최한 '청소년 문화공간 조성에 관한 간담회'에서 춘천중앙교회 옥천동예배당과 교육관, 쥬디기념관을 청소년을 위한 문화예술공간으로 활용하자는 제안이 나왔다. 이에 춘천시는 이 제안을 수용하고, 춘천시 의회에 '공유 재산매입계획안'을 제출한다. 그러나 문제는 시의회의 인준이었다. 시의 원들을 일일이 만나 매입해줄 것을 설득했다. 그러나 시의회 투표에서 가부 동수가 나와 부결됐다. 다시 실시된 춘천시 의회의 2차 투표에서도 동수로 부결됐다. 난감했다. 하나님께 기도했다. 하나님의 집을 짓기 위해 노력하는 춘천중앙교회의 기도를 들어달라고 매달렸다. 역시 하나님은 역사하셨다. 3차 투표에서 한 시의원이 불참하면서 가까스로 한 표 차로 가결되었다.

이제 남은 일은 매도가를 얼마로 할 것인가 하는 점이었다. 춘천시는 두 곳의 감정평가사로부터 평가를 받아서 평균치로 정한다고 했다. 강창기 장로를 비롯한 춘천중앙교회는 감정평가사가 감정작업을 진행할 때 나무 한 그루, 돌 하나에까지 세심하게 신경쓰며 감정평가에 임했다. 감정평가 결과에 대해 춘천시 측은 비싸다는 반응이었다. 이에 강창기 장로는 수차례 춘천시와 협의를 하였고, 이 과정에서 가격을 적당한 선으로 낮추어 합의를 도출했는데, 최종 확정된 매각대금은 춘천중앙교회가 애초 예상했던 수준인 16억9천2백만 원이었다. 계약 조건은 2년 분할 상환과 본당과 나무, 사찰집사 건물은 춘천시에 기부채납한다는 것이었다. 이에 춘천중앙교회는 2000년 7월 춘천시와 매매계약을 체결했고, 교육관은 8월말까지, 본당은 11월말까지 비워주기로 하였다.

어렵기만 했던 시공

춘천중앙교회가 오랜 동안 준비해온 100주년기념교회의 건축이었지만 실제 시공 과정은 어려움의 연속이었다. 더욱이 시공을 맡은 이랜드건설이 예상과 달리 기술과 경험이 부족하여 어려움은 배가되었다.

춘천중앙교회가 시공사로 이랜드건설을 선택한 것은 믿음을 실천하는 건설사였기 때문이다. 누구보다 하나님 사업을 잘 이해하고 있는 건설사라는 점에서 춘천중앙교회가 구현하고자 하는 100주년기념교회를 잘 건축할 것이라는 판단에서였다. 그러나 실제 교회를 건축해본 경험이 거의 없다는 것이 아쉬운 대목이었다.

그런데 이 아쉬운 대목이 가끔 현장에서 문제를 야기했다. 기술이 없으면 경험이라도 많았으면 그런대로 슬기롭게 헤쳐 나갈 수 있었을 텐데 기술력을 보완해줄 교회 건축 경험마저 적어서 엎친 데 덮친 격의 어려움이었다.

춘천중앙교회 성전건축위원회는 이에 특단의 조치를 강구했다. 기술과 경험이 부족한 시공사를 감독할 유능한 감독관을 영입하기로 한 것이었다. 그리하여 당시 춘천중앙교회 이기완 장로의 사위이자 대형 건설회사에 다니고 있던 최택현 집사를 감독관으로 초빙했다.

최택현 감독관은 10년이 넘게 건설회사에 근무한 베테랑인데다 해외 건설 경험까지 겸비한 엔지니어였다. 처음 장인으로부터 제안을 받았을 때 최택현 감독관은 인간적인 고민을 했다. 그러나 급여의 많고 적음보다는 그동안 직장 생활로 쌓인 피로도를 씻을 나름 돌파구가 필요하던 때 하나님 사업을 담당하는 것도 신앙인으로서 큰 사명이라는 생각이 들어 제안을 수락했다. 그는 당시 권오서 담임목사의 적극 권유도 있었고 또 하나님의 뜻으로 보고 수락했다고 술회했다.

최택현 감독관이 현장에 부임한 것은 1998년 11월이었다. 최택현 감독관은 부임하자마자 우선 건물을 앉힐 위치 설정부터 다시 했다. 이랜드 측의 측량 실수로 건물의 위치가 애초 설계에서 벗어나 있었던 것이다. 최 감독관은 서울에서 활동하는 후배 측량사들에게 부탁하여 다시 측량하여 건물의 위치를 애초 설계대로 바로 잡았다. 그러면서 그는 현장 직원들이 교회 건축에 대한 개념이 전혀 잡혀 있지 않아서 작업매뉴얼부터 다시 세팅해야 했다.

가령, 어스앵커(earth anchor, 구조체를 암반이나 토사지반에 정착시키는 기구로 흙막이앵커라고도 함)를 박을 때는 말뚝이 넘어지지 않도록 옆으로 45도~30도 정도로 비스듬히 밴딩하여야 하는데, 이런 특수공법에 대한 지식이 전혀 없어 시공사가 전문 하청업체를 제대로 컨트롤 해내지 못했다. 이에 그는 이런 기술에 대해 직접 가르쳐가며 작업을 진행했었다.

교회 건축은 일반건축물과 다르다. 교회건축은 헌금자가 많아 주인이 많은 셈이다. 성도들은 자신들의 헌금으로 건축하는 하나님의 집에 대해서 남다른 관심을 갖기 마련이다. 더욱이 성도들 중 건축 전문가들은 나름 자신의 기술과 경험에 기초하여 현장을 바라본다. 한편으로는 잘 하

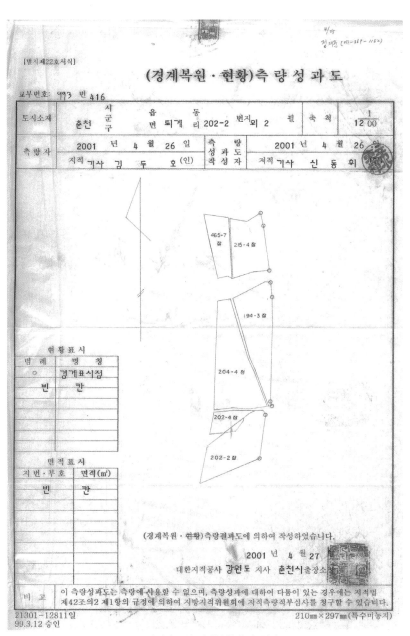

100주년기념교회 경계복원 측량 성과도.

라는 채찍이지만 다른 한편으로는 감독관이나 시공사가 맘대로 할 수 있는 공사가 아니라는 책임감을 갖게 만들어준다. 따라서 이런 상황을 슬기롭게 극복할 수 있는 힘은 원칙주의일 수밖에 없었다. 이미 현장에서 혀를 내두를 만큼 원칙주의자로 통했던 최택현 감독관을 더 원칙주의자로 만들었다.

최택현 감독관은 100주년기념교회를 시공하면서 애초 설계에서 크게 벗어나지 않기 위해 애썼다. 설계 변경을 하려면 우선적으로 비용을 고려해야 하고 또 전체적인 설계와의 조화를 감안해야 하는 등 여러 가지 복잡한 상황이 발생하기 때문에 가능하면 설계변경을 최소화하는 것도 매우 중요한 시공 상 포인트였다.

건물의 구조물은 중간에 기둥이 없는 트러스공법(철골 프리 엔지니어드 메탈빌딩 시스템)을 채택했다. 이 벽에서 저 벽으로 중간 기둥 없이 원샷으로 넘어가고, 콘크리트 벽이 기둥 역할을 한다. 크레인으로 들어서 조립하는 작업 방식이다.

건물의 벽체는 법랑으로 시공했다. 철판을 구부리고 그 위에 법랑을 바른 다음 구워서 나사못으로 고정하는 방식이었다. 그런데 법랑 제작을 잘못하여 사이즈가 안 맞아 수차례 다시 제작했다. 곡면인 상태에서 700도의 불로 구우면 철판도 녹아 당연히 같이 휘어지기 때문에 안 맞을 수밖에 없었다. 그리하여 반복 실험을 통해 완제품을 만들어야 했다.

지하 식당 앞에 공기창처럼 선큰가든(sunken garden, 주저앉은 가든이라는 뜻)을 설치했는데, 이는 햇볕이 지하방에도 들어가도록 설계하였기 때문이었다. 자연과 어우러지는 친자연적인 교회를 짓는다는 포인트에 충실한 설계였지만 공사는 힘들었다.

춘천중앙교회 100주년기념교회의 외관상 또 하나의 특징은 지붕이다.

터파기를 한 100주년기념교회 공사 현장(사진 위)과 터파기 한 곳에 물이 찬 모습.

100주년기념교회의 정면에서 바라본 시공단계별 모습.

100주년기념교회의 측면에서 바라본 시공단계별 모습.

100주년기념교회의 지붕 시공 모습.

보통 지붕은 인식이 잘 안 되는 공간인데, 뒤에 산이 있고 앞부분에 고층 아파트가 들어올 예정이었기 때문에 사람들이 언제나 교회의 지붕을 내려다볼 수밖에 없었다. 지붕에 대한 인지도가 높은 환경적 특징이 있었다. 그리하여 설계자는 사람들에게 독특하게 인식될 수 있도록 하고, 또 건물의 형태와 잘 조화되고 나아가 춘천중앙교회의 역사성과 미래비전을 담아 금속지붕으로 설계했다. 합각지붕 같은 느낌이 드는 지붕에는 동판기와를 얹었다. 동판은 세월이 가면 색깔이 변하는데, 시간이 흐르는 걸 보여준다는 의미이다.

동판기와는 조금만 잘못 시공하면 물이 새는 등 하자가 발생하기 때문에 정밀시공이 요구된다. 물이 새면 처음부터 다시 시공하는 것이 원칙이다. 독립기념관 건설 당시 방수 작업자의 실수로 불이 나서 동판기와

현장에 비가 내려 흘러가는 모습(위)과 교회 외형을
곡선으로 시공하는 모습(왼쪽), 계단 시공 모습.

몇 장이 탔는데, 이를 다시 시공하지 않고 불에 탄 부분만 때우는 방식으로 작업하여 마무리 했다고 한다. 그 결과 지금도 문제의 여지가 있다고 한다. 0.5mm 두께의 동판은 잘라서 한 장씩 붙이는 방식으로 작업한다. 이 동판기와는 비용은 비싼 편이지만 제대로 시공하면 천 년을 간다. 산화동이어서 서울역이나 국회의사당 지붕처럼 색깔이 파랗게 변한다. 이 파란색의 산화동의 모습은 춘천중앙교회의 지난 100년의 역사를 표현함과 동시에 한결같은 모습으로 또 다른 100년을 이어감을 상징한다.

최택현 감독관은 시공하면서 특히 방수에 신경을 많이 썼다. 애초 공사비를 고려하여 설계에서는 외벽방수를 페인트 수준으로 했다. 방수액을 발라서 물이 들어오는 것을 막는다는 것이었는데, 이는 수압이 차면 물이 뚫고 들어오는 단점이 있다. 방수액을 아무리 두껍게 바른다고 해도 한계가 있고, 또 흙을 되메우기 하면 흙 때문에 구멍이 뚫어지게 마련이다. 그러니 물이 샐 수밖에 없다. 그래서 방수에 비용을 아낄 상황이 아니다. 한 번 방수를 잘못하면 건물을 완공한 후 두고두고 애물단지가 되기 십상이다. 더욱이 방수전문가인 최택현 감독관으로서는 물이 새고 있는 상황을 그냥 지나칠 수 없었다. 그는 춘천중앙교회에 비용이 많이 추가되더라도 방수만큼은 제대로 해야 한다고 건의하여 시트방수(고무시트로 벽을 도배하는 방식)로 설계를 변경했다.

설비는 교회가 헌금으로 운용되는 건물이라는 점을 가장 크게 고려하여 관리운영비가 적게 들어가도록 시공했다. 시설을 적절하게 ZONEING(적정한 구역으로 나눠 따로 따로 움직이도록 설계) 하되, 운용할 때 복잡하지 않고 본당과 선교교육관이 따로 냉난방을 하도록 했다. 요즘은 일반화됐지만 당시에는 첨단공법인 Heat Pump 방식을 채택했다. 한 기계로 냉·온방을 모두 해결하는 시스템이다. 또 단열에도 신경을 써서

독립된 형태로 시공되는 종탑 모습.

당시 기준(지금은 당시보다 두 배 강화)으로는 완벽하게 했다.

동선도 여러 가지 시뮬레이션을 하여 배치했는데, 특히 담임목사의 동선을 가장 중요하게 고려했다. 새 성도들이 쉽게 접근할 수 있으면서 독립된 공간, 외부 손님 환영의 공간이라는 전제에서 담임목사의 방을 배치했다.

예배당 바닥도 층층이 계단식이 되도록 만들고, 또 의자도 엇갈리게 배치하여 뒷사람이 앞사람 머리에 가려 안 보이는 것을 방지하도록 했다.

종탑은 다른 교회들이 채택하는 일반적인 형태와는 전혀 다른 방식을 채택했다. 종탑은 대부분 교회건물에 포함하여 설치한다. 그러나 춘천중앙교회 100주년기념교회는 독립된 형태로 건축되었다. 교회의 일부로서 역할을 하며 상징성이 있고, 또 외부 계단 역할도 한다. 독립적이면서 종속된 역할을 부여한 것이다. 심플하면서도 강력한 호흡을 생각했다. 똑같은 형태로 올라가면 가냘프게 보일 것 같아 타원형을 선택했고, 보는 시각에 따라 형태가 달라보이게 시공했다. 또 종을 달 수 있도록 했다. 뭔가 빛을 발산할 수 있는 타워를 생각했다. 높이는 위압적이지 않고 건물 일부로 어울리는 높이인 18m로 하였다.

한편 100주년기념교회와 선교교육관 사이에 위치한 로툰다(rotunda)는 나중에 선교교육관을 건축할 때 건축하였다.〈자세한 의미는 239쪽 참조〉

제3대 성전건축위원회 구성

성전건축위원회는 1999년 8월 29일 임봉수 장로를 제3대 건축위원장으로 선출했다. 성전건축위원회는 1994년 12월 왕정걸 장로를 제1대 위원장으로 선출하여 교회 부지를 마련하고, 나아가 건축헌금 약정을 봉헌하여 건축의 기틀을 마련하였고, 1997년 5월 안민 장로를 제2대 위원장으로 선출하여 역사적인 성전 건축의 기공과 건축의 꿈을 실현한 바 있다. 이번 신임 3대 위원장은 7개월 앞으로 다가온 성전 건축을 완공(2000년 4월로 예정)해야 하는 막중한 사명을 수행하게 된다. 임봉수 3대 위원장은 성전건축위원장 직을 맡으며 "순종하는 마음으로 소임에 충실하겠습니다"며 소감을 피력했다.

오늘 제가 이 자리에 이르기까지는 하나님의 무한하신 은혜와 사랑하심과 축복의 은총이며 목사님과 성도님들의 기도에 힘입었음을 고백하며 전능하신 하나님께 감사를 드립니다. 2대째 내려오는 믿음의 가정에서 태어난 저는 모태 신앙인으로 지금까지 신앙생활을 해오면서 성전 건축에 참여하는 것은 이번이 세 번째입니다. 첫 번째는 1948년 중학생 시절 학교에서 집으로 돌아오며 교회건축현장에 가서 전 교인들과 벽돌과 목재를 나르고

제3대 성전건축위원회 조직표

위원장 임봉수

지원부 부장	현장부 부장	총무부 부장	재무부 부장	회계부 부장
이은희	김교익	강창기	김기태	장기호

삽질도 하고 헌신하며 참여한 일입니다. 두 번째는 1971년 현재의 춘천중앙교회 성전 건축에 참여하였습니다. 당시 미국이 아폴로 유인우주선을 발사해 달 탐사에 성공하자 이를 기념하는 건축양식이 유행하여 당시 육군본부 교회와 우리 교회가 같은 양식의 성전을 건축하게 되었습니다. 세 번째는 현재 교회 창립 100주년을 기념하는 새 성전 건축에 참여하는 것뿐만 아니라 이 부족한 사람에게 건축위원장이라고 하는 막중한 책임을 지워 주신 것입니다. 저는 두려운 마음과 책임감이 앞서 어찌할 바를 몰라 주저하

고 기도했습니다. 전능하신 하나님을 의지하며 저를 위해 기도해주시는 담임목사님과 성도님들이 계심에 힘입어 명령에 순종하는 마음으로 맡겨주신 소임에 충성하는 종이 되겠다고 결심을 하게 되었습니다. 새로운 세기, 새 천년이 시작됨과 더불어 건축되는 춘천중앙교회의 새 성전이 봉헌됨은 춘천지역뿐만 아니라 강원도의 모교회로서의 의미가 자못 큽니다. 복음화에 앞장서는 책임과 긍지를 온 성도들은 간직해야 할 것입니다. 새로이 건축되는 성전은 만인이 아름답다고 여기는 성전이 되기를 소망합니다. 흔히 겉모양의 아름다움을 위하여 많은 비용을 들여 치장하는 교회건물들을 볼 수 있습니다. 그러나 우리의 새 성전은 내부 공간의 아름다움이 외부 모양에 못지않게 안과 밖이 일치되어 표현되는 아름다운 성전이 되어야 한다고 생각합니다. 성전은 하나님이 계신 곳이고 우리가 하나님을 만나는 곳입니다. 예수님께서도 자신이 성전이심을 가르치셨습니다. 요한복음 2장 16절을 보면 성전은 내 아버지의 집이라고 말씀하셨기에 성전은 아름답게 건축되어야 합니다. 성도들 모두가 열정적으로 기도에 참여할 때에 주님께서는 우리의 소원을 이루어 주시리라 믿습니다.

이렇게 면모를 일신한 제3대 성전건축위원회는 성전 건축의 마무리를 담당하게 됐다. 〈춘천중앙교회〉지 기자는 3대 성전건축위원회 상임위원회의 회의장을 찾아가 그 열기를 보고 아래와 같이 교회신문에 기록했다.

귓가를 스치는 바람이 제법 가을의 정취를 느끼게 하는 9월 첫 주일(5일) 오전 10시, 본당 지하 사무실에서는 새롭게 구성된 성전건축상임위원회의 정기모임이 열리고 있었다. 이날 모임에서 상임위원들은 머리를 맞대고, 하나님이 원하시는 아름답고 튼튼한 성전 건축이 완공되기까지, 서로의 업무와 역할을 충실히 감당하고자 하는 진지한 얘기들을 주고받았다. 강창기 장로가 업무추진비 내역 및 잔고에 대해 이야기하였고, 김기태 장로는 "평상 시에는 사무실을 운영하지 말고 필요 시 서로 전화로 연락을 하자"며 근검절약 정신이 그 어느 때보다 필요하다고 했다. 한편 제3대 건축위원회는 위원장인 임봉수 장로를 중심으로 총무부(강창기 장로), 회계부(장기호 장로), 재무부(김기태 장로), 현장부(김교익 장로), 지원부(이은희 장로)로 이루어져 있다. 총무부는 문서분류, 일반서무, 기록 및 진행, 부지 매입매각 등의 업무를 맡고, 회계부에서는 지출과 현금수납 등을 관할하고, 재무부에서는 공사 소요액에 따른 자금 충당 계획 수립 및 은행 대출 관련 업무를 담당하고 있다. 또한 현장부는 건축현장 파악 및 본 교회에서 파견한 감독관을 지원하는 일을 맡고, 지원부는 감독관과 협의 하에 주기적으로 간식을 제공하는 일을 하고 있다. 새 성전 건축은 무더위가 기승을 부렸던 지난 7, 8월 중에도 어김없이 진행되어 지상 3층 바닥공사를 마무리 지었고, 9월 현재 전 공사의 25%에 해당하는 철골공사 중에서 4층 골조를 완성시키는 작업이 진행 중이다. 이 공정이 끝나는 대로 지붕 덮기 작업이 10월 중으로 이루어질 예정이다. 성전건축공사는 2000년 4월 완공을 목표로 진행되고 있다.

비품헌금과 성전 마무리 공사

2000년 하반기에 접어들면서 춘천중앙교회의 100주년기념교회 건축은 하나님이 역사하시는 대로 또 성도들의 기도와 정성에 힘입어 차질없이 진행되어 어느덧 마무리 단계에 접어들었다. 이제 남은 공정은 인테리어를 비롯한 내부공사이다. 춘천중앙교회는 바깥은 번드르르 하게 하면서 안에까지 정성을 쏟지 않음을 지적했던 예수님의 말씀을 깊이 새기면서 내부 공사에 임했다.

그리고 권오서 담임목사는 새 천년의 첫 목회서신을 통해 새 성전 비품헌금에 정성어린 참여를 당부하였다.

"성전 건축의 귀한 사명에 적극적으로 참여하고 힘쓰시는 춘천중앙교회 모든 성도들과 하시는 모든 일 위에 하나님의 크신 축복을 기원하고, 주님의 몸 된 교회를 짓고 봉헌하기 위해 이제까지도 힘겹게 헌금해 왔으나 한 번 더 기쁜 마음으로 결단하고 정성스럽게 봉헌하여 하나님을 기쁘시게 해 드립시다."

100주년기념교회 대예배당 마무리 공사.

　이에 춘천중앙교회는 제3차 건축헌금을 위한 특별새벽기도회를 2000
년 9월 18일부터 10월 7일까지 열었다. 비품헌금 목표액은 10억 원이었
다. 춘천중앙교회는 성도들의 뜻을 모아 2000년 10월 8일 주일예배에서
새 성전 비품헌금 약정 봉헌식을 가졌다. 비품헌금은 새 성전 내부에 설
치될 시설과 대예배실, 소예배실을 비롯한 각 방에 들여놓을 의자 및 비
품을 마련할 예정이었다.

　한편 100주년기념교회 건축공사는 2000년에 들어서면서 예정한 대로
공사가 순조롭게 진행되었고, 여름이 되면서 어느덧 당당한 위용을 드러
내며 마무리 작업에 들어갔다.

　춘천중앙교회는 초여름인 7월 16일 주일 저녁에 세 번째 성전건축현장

예배를 가졌다. 뜨거운 햇볕이 내리쬐는 오후 4시의 무더위 속에서도 500명의 성도들이 참석해 성황리에 예배를 드렸다. 대예배실이 마련될 성전 2층 바닥에 앉아 감사의 기도와 찬양을 드렸다. '땅 끝까지 이르러 내 증인이 되라' 하신 만군의 주 여호와 선교 복음의 방주로서 건축되는 거룩하고 아름다운 성전의 모습을 모두들 마음속으로 그려볼 수 있었다.

성전이 완공되기까지 작은 안전사고 한 건도 없기를 바라는 정세연 장로의 기도와 이은희 장로의 성경말씀 봉독(열왕기상 9장 1~9절)에 이어 특별순서로 '베데스다 싱어즈'의 찬양(서로 사랑하자 외 1곡)과 호산나 선교단의 간절한 기도의 몸짓이 은혜의 강물이 되어 흐를 때 춘천중앙교회 성도들은 성령이 함께 하심을 확인하며 그 메시지를 읽을 수 있었다.

3대 성전건축위원장인 임봉수 장로는 성전건축현황보고를 통해 7월 16일 현재 공정율은 58% 정도 진행 중에 있으며, 10월 말 입당을 목표로 전력을 다하고 있다고 했다. 다만 검열과 감리과정의 철저한 점검으로 인해 완공시기가 다소 지연될 가능성은 있으나 이는 어디까지나 완벽한 성전을 세우기 위한 과정이므로 조금도 걱정할 필요는 없다고 했다.

권오서 담임목사는 설교를 통해 춘천중앙교회 성도들이 하나님의 집을 건축함에 있어 특히 유념해 두어야 할 세 가지 마음가짐을 강조했다.

첫째는 하나님께 가장 귀하고 가장 좋은 것을 드려야 하며, 둘째로 하나님의 집은 가장 아름답게 지어야 하고, 셋째로 새 성전은 우리보다는 다음 세대와 이웃을 위한 교회로 지어져야 하기 때문에 성전 건축에 참여할 수 있는 기회를 주신 하나님께 감사함이 마땅하며 무릇 내 일생의 복이요 영광으로 생각하고 하나님이 기뻐하시는 일에 모든 성도들은 기쁜 마음으로 동참하여야 한다는 것이었다.

이어 성도들은 모두 한마음이 되어 미래 1000년 성시화를 위한 아름답고 튼튼한 성전 건축의 비전을 가지고 새 역사 창조를 위한 선교와 미래의 중추적 요지로서 영혼 구원을 위한 큰 요람이 될 새 성전을 꿈꾸며 뜨거운 감사의 기도를 드렸다. 이렇게 성도들이 모두 기쁜 마음으로 동참하는 기도에 힘 입어 성전 건축은 무리 없이 잘 진행되었다. 임봉수 건축위원장이 2000년 9월 17일자 〈춘천중앙교회〉지와 가진 인터뷰를 보면 이같은 상황을 알 수 있다.

"요즈음은 새 성전에서 사용할 집기들을 선택하기 위해 납품업자들을 만나고 있습니다. 대예배실의 교인석은 구상이 완결되어 의자를 제작하기 직전단계에 있습니다. 위원장 직임을 감당하는 것이 축복된 일인 줄은 잘 알고 있지만 능력이 부족한 제 자신을 잘 알기에 하나님 앞에 두려운 마음이 들어 새벽마다 열심히 기도하고 있습니다. 부족한 저를 위원장으로 세워놓고 성도님들께서 기도해주시는 것에 늘 감사하고 있습니다."

임봉수 위원장은 내부공사는 인테리어 회사가 선정돼 설계 중에 있다면서 상담실을 좀 더 넓히고 화장실을 늘리는 등 성도들의 편의를 위해 내부 설계 일부를 변경하였다고 밝혔다. 또 외벽의 법랑판 시공이 8월말 현재 50% 정도 진행되었다. 지붕공사도 마무리 되었는데, 일부에서 지붕이 번쩍거려 너무 화려해보이지 않을까 염려하지만 동판이라 시일이 지나면 청동색으로 변하여 광택이 없어지고 근엄하게 보일 것이라고 말했다. 그는 또 다행히 2000년엔 장마도 짧아 성전 건축에 큰 보탬이 되어 8월말 현재 전체적으로 83%의 공정을 보여 예정보다 공정이 당겨지고 있다고 했다. 임봉수 위원장은 마무리공사의 중요성을 강조했다. 공정기간이 문제가 아니라 품질 위주로 마무리공사를 철저히 하는 것이 중요하다고 말했다.

임봉수 위원장은 비품에 대해 특별히 신경 쓴다고 말했다. 비품은 여러 사람이 사용하는 것이어서 일부는 만족하고 일부는 불만족할 수 있지만 분명한 것은 화려하고 값비싼 것은 선택하지 않을 것이라고 밝혔다. 품질 위주로 고르면서 교회다운 경건함을 갖추도록 하는데 초점을 맞추겠다는 것이었다. 비품 구매를 담당한 강창기 장로는 이 같은 원칙에 입각하여 비품을 구입하기 위해 최선을 다했다.

아울러 임봉수 위원장은 성전건축현장 뒷산에 마을 사람들이 이용하는 산책로가 나 있는데, 매일 아침이면 수십 명의 주민들이 등산을 하거나 산책하는 점을 감안하여 누구나 이용할 수 있는 쉼터도 마련할 계획이라고 했다. 또 대예배실 강대상 앞의 넓은 공간은 다양한 문화활동을 위한 공연무대로 활용할 수 있도록 할 것이라고 했다. 교회는 더 이상 교인들만을 위한 곳이 되어서는 안 된다는 생각에서 그렇게 고민하고 있다고 했다. 옛날에는 교회가 공동체의 사회문화를 실질적으로 이끌어나갔다. 하지만 오늘날의 교회는 그러한 역할을 감당하지 못하고 있다. 이에 이러한 현실을 감안하여 춘천중앙교회는 교회가 사회를 포용하는데 앞장서야 한다는 사명감에 따른 결정이었다. 그것이 앞으로 새 천년을 바라보는 춘천중앙교회의 비전이었다.

또한 원로·시무장로 성전건축현장기도회가 2000년 8월 19일 오후 4시 성전건축현장 기도실에서 열렸다.

곽부근 장로회 회장의 인도로 열린 이날 기도회에서는 "△모든 공사일정과 입당이 연내에 이루어져 새해를 준비하게 하소서 △성전 건축 과정을 통해 지역에 하나님의 역사가 나타나는 소문난 교회, 소문난 성도가 되게 하소서 △성전 건축을 위한 현장기도회에 참여하는 지역과 속회가 부흥되는 역사가 있게 하소서" 등의 기도제목을 놓고 뜨거운 기도를 드렸다.

한편 춘천시에 매각한 옥천동예배당이 보수에 들어가면서 교육관 사용이 2000년 8월 말까지 가능했다. 그동안 교육관에서 가졌던 모든 행사의 시간과 장소가 9월부터 변경되어 진행하여야 했다. 아울러 여선교회가 하던 중식봉사도 당분간 중단이 불가피했다. 새 성전 입당 전까지 임시로 설치한 야외조리대에서 밥과 국, 반찬을 준비하였으나 조리대와 설거지 또 식사할 장소 등이 마땅치 않았다.

내부 인테리어는 오디토리움(Auditorium) 인테리어로 시공했다. 일반적인 인테리어로 시공할 경우 마이크나 확성기 음향이 벽이나 천장에서 흡음이 되는데, 오디토리움 방식은 흡음이 아니라 반사(공명)한다. 이 방식은 모든 곳에서 같은 음량으로 즐길 수 있도록 해준다. 여러 차례 시뮬레이션을 하여 최적화된 디자인을 했다. 재정 형편을 고려하여 나중에 바꿀 수 있으므로 우선 싼 것으로 시공해도 무방한 장비와 달리 인테리어는 한 번 시공하면 쉽게 교체할 수 없기 때문이다.

다만 대예배당 2층 맨 앞자리의 경우 벽에 가려 불가피하게 비워둘 수밖에 없었다. 2층 바닥의 경사각도 등 전체적인 균등성을 감안하여 생기는 불가피한 상황이었다. 경사 각도를 낮추면 뒷자리에서 강대상이 보이지 않고, 또 벽을 낮추면 안전상 문제가 발생할 수도 있기 때문이다.

한편 2000년 10월 1일부터 제4차 성전건축현장기도회가 12월 입당예배 때까지 계속되었다.

100주년기념교회 입당예배

춘천중앙교회는 100주년기념교회가 어느 정도 마무리 되고 또 옥천동 예배당을 춘천시에 내주어야 할 상황이 되자 불가피하게 100주년기념교회에서 신앙생활을 하기로 하고 2001년 1월 21일 입당예배를 드렸다.

입당예배에는 외부인사 초청 없이 춘천중앙교회 주일예배에서 자체적으로 드렸다. 입당예배에서 권오서 담임목사는 "오직 하나님께만 영광"(로마서 14:6~9)이란 제목의 설교를 통해 "성전 건축은 은혜를 받을 수 있는 가장 좋은 기회"라면서 "우리는 다윗이 누리지 못한 축복을 누린 하나님의 자녀"이기에 "하나님의 은혜로 세워진 100주년기념교회를 통해서 민족과 세계복음화의 뜻을 이루실 하나님의 계획에 동참하자"고 호소했다. 이어 그는 "모든 영광은 하나님께 돌려 드려야 한다"며 오랜 기간 어려운 상황에서 성전 건축에 참여한 성도들에게 감사를 표했다.

"성전 건축 과정을 되돌아보면, 감사할 내용이 너무나도 많이 있습니다. 사실 IMF로 인해 경제적으로 어려웠음에도 불구하고 온 성도가 힘을 모아 성전 건축의 사명을 감당했습니다. 감사하기 힘든 상황이었지만, 우리

2001년 1월 21일 열린 100주년기념교회 입당예배.

는 감사할 수 있었습니다. 물질 문제뿐만 아니라 국방부 땅 추가 부지 매입도 힘든 상황이었지만 하나님의 은혜로 구입할 수 있었습니다. 부정적으로 보면 불평과 염려일 수밖에 없었던 상황이 믿음으로 바라보니까 모든 것이 감사의 내용이 되었습니다."

이어 권오서 담임목사는 성전 건축 후 생길지도 모를 공명심과 교만, 그로 인한 교인들 간의 갈등과 분쟁을 경계하면서 초심과 겸손을 잃지 말자고 호소했다.

"새 성전 입당을 맞이하여 한 가지 경계해야 할 것이 있는데, 그것은 교회 건축에 관련된 그 어떤 공로나 칭찬, 그리고 영광을 자신의 것인 양 생각해서는 안 된다는 것입니다. 주님께서는 우리의 수고와 애씀을 모두 다 아시며 또한 우리의 수고와 애씀에 대한 상급을 주실 것이기 때문입니다. 우리는 하나님께서 주신 은사대로 일할 뿐입니다. 베드로전서 4장 10절은 '각각 은사를 받은 대로 하나님의 각양 은혜를 맡은 청지기같이 서로 봉사하라'고 말씀하고 있습니다. 모든 인간적인 재능과 능력은 하나님이 맡겨주신 은사요 하늘의 은혜이기 때문에 마땅히 청지기처럼 하나님의 일을 위해 사용해야 한다는 것입니다. 미국 뉴욕에 가면 록펠러가 지은 리버사이드교회가 있습니다. 이 교회를 헌당하는 날 록펠러는 '주께 받은 것 주께 드렸을 따름입니다'라는 말만 했다고 합니다."

그러면서 권오서 담임목사는 담임자로서 꼭 당부하고 싶은 이야기를 했다. 교회를 짓고 나면 대개 모두들 자신들의 역할이 매우 컸다고 생각한다. 담임목사는 담임목사대로, 건축위원장은 건축위원장대로, 건축위원은 건축위원대로, 성도들은 성도들대로. 그러면서 혹 약간이라도 소외되면 자신이 세운 공을 몰라준다고 섭섭해 한다. 이렇게 성전 건축을 하고 나면 시험에 들게 된다. 하지만 우리들 스스로를 위한 마음가짐이 필요하다. 100주년기념교회는 특정 사람들이 나서서 지은 것이 아니라 춘천중앙교회 성도 모두가 함께 지은 것이라고 생각하여야 한다. 그러면서 그는 출애굽에 비유하며 옥천동예배당을 다닌 성도들 중 기동력이 없는 20~30명 빼고 모두 퇴계동 성전으로 옮겨왔다는 사실에 감사해 했다. 또 퇴계동에 아파트가 들어오면서 교회가 성장하는 기반이 되었다. 하나님의 섭리는 절묘한 때를 택해 절묘하게 옥천동에서 퇴계동으로 오게 하셨다고 했다.

권오서 담임목사의 설교에 이어 그동안 건축위원장으로 수고한 임봉수 장로가 건축 관련 보고를 하였다. 그 당시의 공정은 98% 정도로 거의 마무리 단계에 와 있으며, 조속한 시일 내에 교육관 건축 및 조경 작업을 할 예정이라고 밝혔었다.

예배가 끝난 후 입당을 축하하기 위해 방문한 축하객과 성도들은 새 성전의 곳곳을 일일이 돌아보았다. 가장 귀하고 가장 아름답게 건축하고자 노력했던 흔적들은 눈으로 하나하나 확인할 때마다 모두들 찬사를 아끼지 않았다. 이어 지하 1층에 마련된 식당에서 조촐한 점심식사를 나누며 감격에 찬 대화를 나누었다.

이날 입당예배에 즈음하여 박상혁 동부연회 감독은 축하메시지를 통해 "새해를 맞아 새 성전에 입당하는 중앙제단의 노고와 헌신에 위로와 격려를 보낸다"면서 "세계는 나의 교구라는 외침을 심령 속으로부터 소리쳐 할 수 있는 참 웨슬리안이 되어 가자"고 말했다.〈201쪽 성전 이전 축하 글 참조〉

권오서 담임목사는 어려움이 많았지만 모든 걸 춘천중앙교회 스스로 해낸 것에 대해 자부심을 느낀다고 했다. 일부 교회에서는 성전 건축을 추진하다 어려움에 봉착하면 부흥사를 초빙하여 부흥회를 열곤 하는데, 춘천중앙교회는 어딘지 모르게 자신감이 충만해 있었다. 특히 목사와 장로들의 생각이 '신기하게' 일치했다. 바라보는 비전이 똑 같았다. 권오서 담임목사는 그걸 '기적'이라고 불렀다. 혹 나중에 우연이 아니냐고 할지 모르지만 결코 그렇지 않았던 것은 우선 교회가 흔들리지 않았고, 계파가 없고, 상식이 통했다. 더욱이 권오서 담임목사의 사심 없는 의도를 장로들 모두 진정성 있게 받아들였다.

성전 이전 축하 글

할렐루야! 소망의 2001년 새해를 맞이하여 사랑하는 모든 성도들의 가정과 심령 위에 하나님의 크신 은총이 가득하시기를 기원합니다. 소식지를 통하여 늘 힘차게 도약하는 모습을 자세히 전해주던 중앙제단이 새해를 맞이하여 새 성전 입당을 하게 된다니 참으로 축하를 드립니다. 그리고 그 동안의 노고와 헌신에 위로와 격려의 박수를 보내 드립니다. 이제 우리 교단과 연회에 더욱 자랑스러운 모습으로 우뚝 서게 될 것을 의심치 않습니다. 금번 총회 이후 9개 연회 감독회에서는 우리 기독교대한감리회를 21세기를 주도하는 '위대한 감리교회'를 이루자는데 뜻을 같이 하고 지금 그 선언 집회를 준비하고 있습니다. 우리 감리제단은 본래 위대한 힘이 있습니다. 그 모습을 다시 회복하자는 것입니다. 우리 모두 '세계는 나의 교구'라는 외침을 심령 속으로부터 소리쳐 할 수 있는 참 웨슬리안이 되어 가자는 것입니다. 이 일에 이미 큰일을 이루신 여러분이 앞장서 나가게 되시길 기도합니다. 점점 어둡고 혼탁해 가는 이 시대에 전도와 선교의 길이 더 어려워지는 이때 우리는 예수 그리스도로 강하게 무장되어 세상을 향해 힘차게 일어서야 합니다.

"일어나라 빛을 발하라 이는 네 빛이 이르렀고 여호와의 영광이 네 위에 임하였음이니라 보라 어두움이 땅을 덮을 것이며 캄캄함이 만민을 가리려니와 오직 여호와께서 네 위에 임하실 것이며 그 영광이 네 위에 나타나리니 나라들은 네 빛으로 왕들을 비추는 네 광명으로 나아오리라"(이사야 60장 1절~3절)

권오서 담임목사님을 중심으로 아름답게 성장해 가는 춘천중앙교회에 하나님의 무한하신 축복이 더 크게 임하시기를 기도합니다. 다시 한 번 새 성전 입당을 축하드리며 금년 더 큰 선교사역을 이루시기를 바랍니다. **박상혁 동부연회 감독**

성전 이전 첫 예배 글

오직 하나님께만 영광을

새 날 새 역사를 여는 소중한 첫걸음이 시작되었다. 2001년 1월 21일 오전 10시 퇴계동 넓은 대지 위에 우뚝 선 춘천중앙교회 새 성전 대예배실에서는 하나님의 살아계심과 역사하심과 기뻐하심을 증거 하는 성전 이전 축하예배가 있었다. 그 동안 주님의 몸 된 교회를 짓고 봉헌하기 위해 모두 한마음 한뜻이 되어 끊임없이 기도하고 헌신함으로 새 성전을 건축하고 이제 기다리던 첫 예배를 드리는 감격과 기쁨에 들뜬 성도들은 자꾸만 설레는 가슴을 진정시키기 힘들었다. 예드림의 찬양과 곽부근 장로의 감사기도에 이어 우리 교회의 과거 100년사를 회고하며 미래 새 천년을 향한 선교비전을 초대형 화면의 아름다운 영상으로 볼 수 있었다.

'만인을 그리스도의 제자로 삼는 것.' 이는 주님께서 우리에게 주신 지상명령이며 전도는 우리의 참 소망이요, 마땅히 담당해야 할 사명이라는 불변의 대명제를 받은 모든 성도들은 새 날을 향한 전진을 다짐했다. 이날 권오서 담임목사는 성전 건축을 위해 애쓴 분들의 노고를 일일이 치하하고 아직 채 정리되지 못한 부분과 미숙한 경영에 대한 이해를 당부했다. 그리고 설교를 통해 모든 성도들은 새 성전 입당을 맞아 그 동안의 교회 건축에 관련된 그 어떤 공로나 칭찬도 자기의 것인양 생각해서는 안된다고 말했다. …"성전 건축의 큰 축복을 주신 하나님 아버지, 모든 영광을 오직 한 분께 드립니다. 하나님의 은혜로 세워진 이 100주년 기념 성전을 통해서 민족과 세계 복음화의 큰 뜻을 이루고자 하시는 아버지의 계획에 저희의 동참을 허락하시니 감사합니다. 저희에게 사명을 주셨으니 감사하옵고 능력도 주실 것을 믿사옵니다." **손춘희** 기자 (《춘천중앙교회》 2001년 2월호)

세 성전 첫 예배의 감격

오 기쁜 날 새 성전 입당을 꿈에 그리고 그 동안 얼마나 애타게 눈물지으며 기도하고 준비했던가? IMF 시기에 교회는 뭘 하러 그렇게 크게 짓지? 재정적으로 많이 힘들겠구먼? 하며 격려가 아닌 비아냥거리는 소리에도 상관하지 않고 하나님만 바라보며 지금껏 달려오지 않았는가? 이제 꿈이 아닌 현실, 새 성전에서의 첫 예배는 온 성도들의 감격과 흥분의 시간이었다.

"내게 능력주시는 자 안에서 내가 모든 것을 할 수 있느니라!"

빌립보서 4장 13절 말씀을 체험하는 순간이 아닌가?

"새 성전에서 예배드릴 때까지 살아야 할 텐데" 하고 늘 염려하며 가파른 교회 언덕을 힘들게 오르던 팔순이 넘으신 어느 권사님의 소원이 지금 이루어지고 있지 않은가? 새 성전 곳곳을 둘러보며 유치부 어린이들로부터 장년에 이르기까지 온 교우들은 규모와 아름다움에 놀라면서 마냥 즐겁기만 하였다. 새 성전 첫 예배에 대한 기대감과 감격으로 지난밤을 설치고 일찍 교회로 달려와 대예배실에 들어서서 하나님께 감사의 기도를 드리는 순간, 두 볼에는 감격의 눈물이 흐르고 있었다. 새 성전 입당은 끝이 아니라 새로운 시작이다. 지금까지 지켜주신 하나님, 앞으로의 모든 일도 주님께 맡긴다. 오직 하나님께만 영광을 돌리며…. **권순길** 장로

하나님은 멋진 건축가

내가 성전 건축을 위해 마음의 삽을 뜬 것은 1995년 2월 부흥회 새벽예배였다. 그때 강사 목사님이 재미있는 예화를 들려주셨다. "옛날 조금 모자라는 남편과 결혼한 한 아내가 친정에 가서 남편 발목에 실을 매고는 잡아당길 때마다 외운 말들

을 차례로 하게했다"는 이야기다. 결국은 남편의 부족함이 친정에 알려지게 되는 우스운 이야기는 내게는 하나님의 음성으로 다가왔다. 건축을 위한 부흥회에 참여하면서 "하나님, 제가 교회 건축을 위해 어떻게 할까요?" 하고 여쭈었는데, 하나님은 "내가 네 심령의 줄을 당겨주겠다. 너는 그저 내가 당기는 대로만 하면 된다"로 응답해 주신 것이었다. 작정하기만 하면 채워주는 하나님의 은혜를 대학 시절 참여했던 선교단체를 통해 여러 번 체험한 일이 있다. 그 경험으로 일생 동안 한 번 올까 말까 한 이 기회를 위해 남편과 함께 우리로서는 최선의 것으로 드리기로 하였다. 헌금을 시작한 후로 여러 기적이 일어나기 시작했다. 그 중 하나는 하나님은 우리가 필요하다고 생각되는 것은 무엇이나 꼭 두 개씩 허락하셨다. 왜 꼭 두 개씩일까 생각하던 중 하나는 나누어주라는 하나님의 뜻으로 생각되어 필요한 사람들에게 뒤늦게 나누어주었던 적도 있다. 새 성전을 통하여 우리 교회에 쏟아질 두 배 이상의 은혜를 분명히 믿고 있다. 그리고 그 중 하나는 꼭 나누어주어야 한다는 사실도 잊지 않고 있다. …새 성전에서의 첫날 새벽 예배를 통해 우리들의 자녀를 부르시는 하나님의 음성을 듣게 하심을 감사한다. 그새 또 다음 세대를 위한 새로운 역사를 시작하시는 하나님은 참 멋진 건축가이심에 틀림이 없다. **안혜숙** 집사(현 권사)

100주년기념교회 봉헌예배

2001년 10월 22일, 기다리던 날이 마침내 밝았다. 춘천중앙교회가 그동안 기도와 은혜로 마련한 100주년기념교회를 하나님께 공식적으로 봉헌하는 날이었다. 청명한 가을 하늘은 이날따라 유난히 더 푸르렀다. 100주년기념교회 위에 드리워진 햇살도 여느 날보다 더 눈부셨다.

봉헌예배는 11시로 예정되어 있었다. 춘천중앙교회 성도들은 이른 새벽부터 퇴계동 100주년기념교회에 나와 개인 기도를 하고, 또 삼삼오오 모여 함께 하나님의 집을 성공적으로 마련한 것에 대해 감사와 기쁨을 나눴다. 가슴 깊은 곳에서 뿌듯함이 밀려왔다. 어떤 성도는 기쁨에 겨워 눈시울을 붉히기도 했고, 또 어떤 성도는 평생 처음이자 마지막으로 경험한 성전 건축이라는 대역사를 성공적으로 끝냈다는 자부심에 활짝 웃기도 했다. 옥천동예배당 시절 그토록 꿈꾸었던 '전원교회'를 공론화한 지 13년 만에 이루어졌으니 그 감격은 말로 다 형용할 수 없으리라. 그동안 건축과정에서 있었던 온갖 희로애락이 성도들의 마음에 주마등처럼 스치며 하나님의 집을 지어본 자만이 느낄 수 있는 기쁨에 겨워했다.

춘천중앙교회는 2001년 1월 21일 100주년기념교회의 입당예배를 이미

2001년 10월 22일 열린 100주년기념교회 봉헌예배.

갖고 퇴계동 시대를 활짝 열었었다. 그러나 공식적으로 하나님께 봉헌하
는 예배는 드리지 못했었다. 마무리 작업이 조금 더 남아있었기 때문이
다. 그럼에도 입당을 결정한 것은 하루 빨리 100주년기념교회에서 예배
드리고 싶어 하는 성도들의 열망과 옥천동예배당을 비워야 할 상황이었
기 때문이었다. 그리하여 춘천중앙교회는 외부인사 초청 없이 여느 주일
과 다름없이 주일예배에서 입당예배를 드렸었다.

그리고 마침내 100주년기념교회의 건축을 마무리하고 준공검사까지
마치게 되자 이날 봉헌예배를 드릴 수 있게 된 것이다.

춘천중앙교회는 성스러운 봉헌예배를 차질 없이 준비하기 위해 성전
봉헌준비위원회를 건축위원회와는 별도로 구성했다. 일부에서는 성전봉
헌준비위원회를 따로 구성할 필요가 있느냐고 이의를 제기하기도 했었

지만, 건축위원회에 그 일까지 맡게 해서 부담을 줄 필요가 없기도 하였거니와 봉헌예배 성격 상 건축위원회 스스로 자신들의 공을 드러내야 할 수도 있어 별도 조직이 보다 효율적이라는 판단에서였다. 이에 구성된 성전봉헌준비위원회(위원장 김기태 장로)는 봉헌예배를 성대하게 치르는 한편 100주년기념교회를 건축하느라 고생한 건축위원들을 위로할 수 있는 객관적인 방안까지 마련하는 등 세세한 부분까지 신경 쓰며 준비했었다.

오전 11시, 동부연회 박상혁 감독(원주 태장교회)을 비롯한 외부인사들과 춘천중앙교회 성도들이 참석한 가운데, 춘천중앙교회 권오서 담임목사의 사회로 100주년기념교회를 하나님께 드리는 봉헌예배가 시작됐다.

묵도에 이어 참석자들은 목청껏 '주 예수 이름 높이어'(36장)를 찬송하면서 봉헌예배의 의미를 새겼다. 찬양이 끝나자 권오서 담임목사는 참석한 회중들과 함께 "내가 주를 위하여 거하실 전을 건축하였사오니, 주께서 영원히 거하실 처소로소다"로 시작하는 교독문을 낭독했다. 춘천기독교연합회장이자 순복음춘천교회를 담임하는 김주환 목사의 기도와 그리고 동부연회 장로회연합회장인 속초교회 선우영 장로가 성경을 봉독했다. 성경구절은 '역대하 7장 11절~16절'의 말씀이었다.

"솔로몬이 여호와의 전과 왕궁 건축을 마치고 솔로몬의 심중에 여호와의 전과 자기의 궁궐에 그가 이루고자 한 것을 다 형통하게 이루니라 밤에 여호와께서 솔로몬에게 나타나사 그에게 이르시되 내가 이미 네 기도를 듣고 이곳을 택하여 내게 제사하는 성전을 삼았으니 혹 내가 하늘을 닫고 비를 내리지 아니하거나 혹 메뚜기들에게 토산을 먹게 하거나 혹 전염병이 내 백성 가운데에 유행하게 할 때에 내 이름으로 일컫는 내 백성이 그들의 악한 길에서 떠나 스스로 낮추고 기도하여 내 얼굴을 찾으면 내가 하늘에서 듣고 그들의 죄를 사하고 그들의 땅을 고칠지라 이제 이곳에서 하는 기도에 내가 눈을 들고 귀를 기울이리니 이는 내가 이미 이 성전을 택하고 거룩하게 하여 내 이름을 여기에 영원히 있게 하였음이라 내 눈과 내 마음이 항상 여기에 있으리라"

성경봉독을 통해 성전건축의 의미를 되새긴 다음 찬양대의 특별찬양과 박상혁 감독으로부터 '항상 여기 있으리라'라는 제목의 설교가 있었다. 그리고 인도네시아 자카르타 늘푸른교회 김선진 목사의 헌금 기도와 헌금 순서를 마지막으로 1부 '예배'가 끝났다.

박상혁 감독의 집례로 시작된 2부 '봉헌' 행사는 건축위원장인 임봉수 장로가 1988년 권오서 담임목사가 부임하면서부터 새 성전 건축에 관해 공식적으로 논의하기 시작하여 부지 마련, 헌금, 건축허가, 시공, 완공에 이르기까지 13년의 대장정을 담은 100주년기념교회의 전반적인 건축과정을 자세하게 보고했다. 이어 관리부장인 강창기 장로가 '봉헌위임' 글을 낭독했다.

"하나님의 크신 축복과 주 예수 그리스도의 은혜로 창립된 춘천중앙교회는 온 교우들의 기도와 눈물과 헌신으로 이 귀한 성전을 건축하여 전능하신 하나님을 경배하고 기도하는 집으로 쓰기 위하여 성별하시기를 감독님께 위임하고 이 열쇠를 드립니다."

이어 집례자인 박상혁 감독이 참석자 모두와 함께 "우리는 이 집을 거룩하신 하나님의 전으로 드립니다. 그러므로 우리의 마음은 언제나 이곳에 있을 것

2001년 10월 21일 열린 100주년기념교회 축하음악회.

입니다."로 시작하는 성별교독을 교독했다.

봉헌예배는 동부연회 김명기 감독(원주 제일감리교회)을 비롯한 춘천중앙
성결교회 장로인 배계섭 춘천시장, 신성감리교회 장로인 허천 강원도의회
의장의 축사와 서울연회 나원용 감독(종교교회)의 격려사로 마무리되었다.

한편 춘천중앙교회는 100주년기념교회의 봉헌예배가 있던 그 주일을
특별축하주일로 정하고, 엄숙하고 화려한 축하공연을 다채롭게 마련했
다. 봉헌예배에 앞서 10월 14일 주일 오후 춘천중앙교회 100주년기념교
회 대예배실에서 '100주년기념교회 봉헌기념찬양축제'가 열렸다. 박명
신이 지휘하는 CBS 소년소녀합창단이 '믿음이 구슬이라면'과 '나사렛 동
네에'를 부르면서 시작한 찬양축제는 마침 춘천기독교방송(CBS)의 공개
방송 '정오의 가스펠' 프로그램으로 제작되어 봉헌예배일에 하루 앞선 10

월 21일에 라디오 전파를 타고 온 누리에 울려 퍼지기도 했었다.

10월 20일 토요일 저녁 춘천중앙교회 100주년기념교회 대예배실에서 '100주년기념교회 봉헌 축하음악회'가 열렸다. 이 음악회는 춘천중앙교회 출신 청년 음악인들이 고전음악을 연주하는 프로그램이었다. 11월 3일 토요일 저녁 춘천중앙교회 100주년기념교회 대예배실에서 이영진이 지휘하는 시온찬양대와 춘천아트챔버오케스트라의 '100주년기념교회 봉헌 기념 연주회'가 홍승희의 피아노 반주와 함께 성황리에 열렸다.

일련의 축하공연은 대만족이었다. 춘천중앙교회 100주년기념교회 대예배실의 완벽한 음향과 조명 등 무대는 감동 그 이상의 감동을 선사하는 의미 있는 행사였다. 보람과 감격이 대예배실에 가득하며 봉헌예배의 감동은 오래 오래 긴 여운으로 춘천중앙교회 성도들 가슴속에 남았다.

제3부
선교교육관과 로뎀하우스 건축

선교교육관 건축위원회 구성

춘천중앙교회는 100주년기념교회의 봉헌예배가 끝나자 교회 내외적인 상황으로 인해 100주년기념교회와 함께 건축하지 못하고 보류했던 선교교육관 건축문제에 대해 본격적으로 논의하기 시작했다.

춘천중앙교회는 옥천동예배당 시절 선교교육관의 공간 부족으로 고생하던 터여서 새로 이전, 신축하는 퇴계동성전에서는 선교교육관을 대폭 확대할 계획을 갖고 100주년기념교회를 설계할 때 이미 설계까지 마친 상태였다. 하지만 IMF라는 예기치 않은 국가 초유의 사태가 발생하여 선교교육관까지 건축할 건축비의 감당이 현실적으로 어렵다는 판단 아래 1997년 11월 건축위원회에서 100주년기념교회를 먼저 건축하고 선교교육관은 나중에 형편이 닿는 대로 건축하기로 결정하였었다.

권오서 담임목사는 선교교육관 건축을 보류할 때 무척 안타까웠다고 술회했다. 그는 하나님께서 자신에게 맡기신 사명이 여기까지가 아닌가 하는 생각이 들어 더더욱 마음이 아팠다고 했다.

그러나 하나님은 춘천중앙교회 100주년기념교회를 성공적으로 건축하게 해주셨다. 하나님께서는 이미 그런 어려운 상황을 알고 춘천중앙교회가 그 사명을 감당할 수 있도록 일을 나누어 놓으셨던 것이다. 그렇다면 100주년기념교회를 지어 하나님께 봉헌까지 한 상황에서 이제 춘천중앙교회가 할 일은 당연히 선교교육관 건축이었던 것이다.

춘천중앙교회는 100주년기념교회 입당예배(2001년 1월 21일)를 앞둔 시점인 2000년 12월 22일 열린 기획위원회에서 선교교육관건축위원회 구성 및 위원장 선출 문제에 대해 논의했다. 하지만 건축위원회 구성을 곧바로 서두르지는 않았다. 100주년기념교회를 건축할 때처럼 신중하고 세밀하게 점검하고 준비하는 것이 더 중요하다는 경험 때문이었다.

춘천중앙교회가 선교교육관 건축에 본격 착수한 것은 2001년 10월 22일 100주년기념교회의 봉헌예배가 끝나면서부터였다. 100주년기념교회가 완공되어 준공검사까지 마친데다 교회학교 상황이 선교교육관 건축을 더 이상 미룰 수 없을 만큼 성장하고 있었기 때문이었다.

2002년 1월 6일자 춘천중앙교회 기획위원회 회의록에 따르면, 교회를 옥천동에서 퇴계동으로 이전한 이후 교회 학생들이 36%나 성장했다. 또한 이 학생들 중 40%는 부모불출석 학생들이 차지하고 있었다. 수준 높은 교회학교 프로그램과 100주년기념교회의 쾌적한 초현대식 첨단시설이 창조해내는 교회학교의 성장이었다. 이런 상황에서 교회학교를 100주년기념교회에 더부살이하는 방식으로 운용하기에는 한계에 이르렀고, 또 교회학교 학생들 중 부모불출석의 경우 이들 학생들의 부모에게 전도까지 할 수 있는 기회였다. 이에 춘천중앙교회는 선교교육관 건축을 더 이상 미룰 수 없다는 판단에서 25억 원의 건축비가 예상되는 선교교육관 건축을 위한 건축위원회를 구성한다고 공식 발표하기에 이른다.

선교교육관 건축은 100주년기념교회 건축과는 사뭇 다른 상황이었다. 이미 부지가 확정되어 있었고, 설계까지 끝난 상태였다.

다만 선교교육관 건축에서 가장 중요한 문제인 25억 원으로 예상되는 건축비를 어떻게 조달할 것인가가 관건이었다. 100주년기념교회를 짓느라 네 차례에 걸쳐 건축헌금을 하였던 터라 춘천중앙교회의 성도들에게는 헌금피로도가 쌓여있는 상황이었고, 전반적인 경제상황 역시 여전히 그렇게 녹록치 않았기 때문이다. 하지만 춘천중앙교회는 2002년이 밝자 다음 세대의 신실한 신앙인을 양성하고 아울러 교회의 부흥이 약속되는 현실적 기회임을 외면할 수도 없었다. 춘천중앙교회는 100주년기념교회를 지으면서 하나님의 집은 하나님이 역사하신다는 확고한 믿음을 몸과 마음으로 깊이 확인하고 체험했던 바, 더 이상의 주저함은 무의미했다.

그리하여 3월에 열린 기획위원회에서 선교교육관 건축을 위한 재정담당 책임자에 이영식 장로와 건축 담당에 정세연 장로를 각각 임명했다. 그리고 곧바로 선교교육관건축위원회를 구성했다.

위원장에는 정세연 장로가 선임되었고, 건축위원회의 가장 중요한 역할을 하는 상임위원에는 권오서 담임목사를 비롯하여 정세연 위원장, 이영식 재정부장(건축,재정), 장기호 관리부장(섭외, 현장), 곽부근 남선교회장(현장), 강경중 교육부장(자료수집보관), 조명강 여선교회장(지원) 등으로 구성했다. 한편 총무에는 이승주(현장문서), 부총무에는 김명준(현장문서)을 각각 임명했다. 감사에는 김창수 장로와 김남철 권사로 선임하였다.

이렇게 건축위원회 구성을 마쳤지만 춘천중앙교회는 곧바로 선교교육관 건축에 들어가지는 않았다. 열심히 기도하며 모든 여건이 성숙될 때까지 기다리면서 충분한 검토와 준비작업을 계속 진행하였다.

선교교육관건축위원회 조직표

위원장 정세연

감사 김창수 김남철

자문위원	상임위원	협력위원
남기성	담임목사	권순길
안민	정세연(건축)	김창수
임봉수	이영식(재정부장, 건축재정)	송종철
김기태	장기호(관리부장, 섭외, 현장)	조한진
이은희	곽부근(남선교회 회장)	신경희
강창기	강경중(교육부장, 자료수집보관)	이인수
김석권	조명강(여선교회, 지원)	노희영
김남철		원봉선
박호영		장안기
정재준		조정부
		김익상

총무

이승주(현장문서)

부총무

김명준

선교교육관 건축 일정 발표

춘천중앙교회의 선교교육관 건축에 대한 필요성은 더 이상의 언급이 필요 없을 만큼 공감대가 형성되어 있었지만 제반 준비상황과 여건이 성숙하기까지는 조금 더 시간이 필요했다.

이미 구성된 선교교육관건축위원회는 여러 가지 사항들을 면밀히 검토, 준비하며 때를 기다렸다. 특히 정세연 건축위원장은 선교교육관 건축은 신앙의 힘으로 해야 하는 하나님의 사업이므로 마음의 준비가 더 단단히 요구되었다고 했다. 100주년기념교회를 건축할 당시 겪었던 시행착오를 다시 겪지 않으면서도 일단 공사를 시작하면 계획된 공기 안에 성공적으로 건축해내기 위해서는 철저한 준비보다 더 좋은 대안이 없었기 때문이었다. 그리하여 서두르지 않으면서도 부단히 준비하고 있었다.

6개월여 정중동(靜中動)의 자세를 유지하던 선교교육관건축위원회는 2002년 9월 29일사 주보에 정세연 위원상 이름으로 '**선교교육관 건축에 대하여**'라는 제목의 기고를 통해 2003년 봄(3월)에 착공하여 1년 안에 완공할 예정이라는 일정 제시와 함께 선교교육관 건축의 필요성에 대해 밝혔다.

"교회는 교회학교가 안정되고 부흥돼야 활기차고 살아있는 교회가 됩니다. 학생들도 자리가 안정되지 않아 예배가 산만해지고 있습니다. 교회학교 학생 수가 800여 명입니다. 이 많은 학생들을 수용할 공간이 절대적으로 필요하며, 본관 예배실의 기능이 제대로 발휘되기 위해서라도 선교교육관은 필요합니다. 또 우리 교회에 새로 등록하시는 교우들이 교회학교에 갖는 관심도 지대합니다. 교회 부흥의 바탕이 교회학교라는 인식이 있어야 합니다."

정세연 위원장은 또 "선교교육관은 주일에만 사용하는 것이 아니라 일주일 내내 활용이 가능한 장소로 예정하고 있다"면서 "선교교육관으로서의 기능만이 아니라 멀티 운영의 방식으로 사용될 것"이라는 '선교교육관 활용비전'에 대해서도 밝혔다.

그러면서 그는 "성전도 하나님이 건축해주셨으니 선교교육관도 능히 건축하게 해주신다는 믿음으로 기쁨과 소망을 가지고 기도해 달라."고 당부했다. 아울러 그는 "신앙을 후손들에게 바르게 물려주고 자신도 바른 신앙생활을 한다는 믿음으로 서로 돕고 도움을 받는 교회가 되었으면 좋겠다"면서 "기도하면 이루어진다는 믿음을 가지고 합심해서 역사를 이루고, 또 어려운 일은 해내면 그만큼 기쁨도 클 것이다"고 호소했다.

한편 춘천중앙교회는 어떤 선교교육관을 지을 것인가에 대해서도 그동안 심도 있게 해온 논의를 바탕으로 구체화시켜 나갔다.

춘천중앙교회는 교회를 옥천동에서 퇴계동으로 이전 신축하면서 가장 중요하게 생각했던 건축 콘셉트 중의 하나는 지역사회와의 활발한 소통이었다. 100주년기념교회의 문이 아파트단지를 향해 활짝 열려있도록 한 것도 이런 건축 포인트를 접목시킨 결과였다. 선교교육관 건축에서도 이 점은 매우 중요한 건축 콘셉트로 작용했다.

특히 춘천중앙교회는 선교교육관의 기능과 역할을 다목적용으로 정하였는데, 때마침 이 무렵 춘천의 동서남북 4개 지방회가 지방회 사무실을 염두에 두고 '춘천지방감리교센터' 건축을 구상하고 있었다. 이에 춘천중앙교회가 건축하려는 선교교육관에 그 공간을 마련하는 방안도 논의됐다고 한다. 그러나 지방회에서 단독건물을 요구하는 관계로 그 같은 논의는 더 이상 진척되지 않았다고 한다.

설계 부분은 100주년기념교회를 설계할 때 이미 선교교육관 설계도 마친 상태였다. 다만 설계를 한 지 수년의 시간이 흐르면서 여러 가지 여건 상 약간의 수정보완은 필요했다. 정세연 선교교육관건축위원장은 "특히 학생들이 사용할 교실에 관심을 갖고 신경을 쓰고 있다"면서 "현재가 아니라 앞을 내다보는 안목을 가지고 건축하겠다"고 했다. 애초 100주년기념교회와의 조화를 감안하고 또 대지가 갖고 있는 지형적 환경적 특성을 감안하여 설계하였기 때문이었다.

설계를 맡았던 PCK의 박홍균 소장은 시간이 몇 년 흐른 상황에서 애초의 설계를 그대로 적용하는 데는 다소 무리가 있다고 판단하여 그동안 생각이 바뀐 부분과 또 춘천중앙교회 측의 요구사항을 수렴하여 수정보완을 하되, 최소화한다는 입장에서 설계의 수정작업을 진행했다.

애초의 설계에서 크게 바뀐 것 중 가장 두드러지는 것은 전체적인 입면도가 바뀌었다는 점이었다. 애초 설계에서는 창을 100주년기념교회와 비슷하게 설계했었는데, 교회 앞에 차가 다니고 또 동서향이어서 창을 크게 내지 않는 쪽으로 수정하였다. 자동차를 비롯한 갖가지 생활소음을 막아야 했고, 또 석양에 대한 조처가 필요했기 때문이었다.

또 4층에는 애초 계획이 없던 게스트하우스를 추가하기로 하였다. 춘천중앙교회로서는 부목사나 혼자 생활하는 전도사를 위한 공간이 꼭 필요하다는 실용성에 무게를 두어 게스트하우스를 추가하기로 한 것이었다.

반면 내부는 큰 수정을 하지 않았다. 애초 설계가 대체로 당시 추구하려고 하던 콘셉트와 일치하였고, 또 각 공간의 기능과 효율성을 충분히 감안하고 있었기 때문이다. 다만 개별교실과 결혼식 때 사용하는 신부대기실 바닥에 난방을 추가하기로 하였다. 외부의 단체 손님들이 교회를 방문하였을 때, 개별교실에 있는 집기들을 치우면 곧바로 숙소로 사용할 수 있도록 하기 위해서였다. 나중에 인도네시아 방문단이 방문하여 이 공간을 숙소를 활용한 바 있다. 또한 시공과정에서 3층의 대예배실 강대상은 객석에서 보아 너무 높아 조화를 이루지 못해 많이 낮추어 시공했다. 애초 설계에서는 객석에서 강대상을 올려다보는 것이었는데, 예상보다 너무 높아 불편했기 때문이다. 이외에는 설계상 수정을 크게 하지는 않았다. 〈221쪽 선교교육관 공간 개요 및 배치 참조〉

한편 춘천중앙교회는 2003년 6월 선교교육관을 시공할 건설사 선정에 나섰다. 공개입찰방식으로 진행된 시공사 선정은 4개사가 견적서를 제출하여 경합을 벌였다. 이에 춘천중앙교회 선교교육관건축위원회는 이 중 2개사로 압축하여 2차 심사에 들어가 전문성(기술력), 경제성(공사비), 신뢰성 등 평가항목에 따라 꼼꼼히 평가해 예일종합건설로 최종 결정했다.

예일종합건설은 100주년기념교회를 시공한 이랜드만큼 대형건설사는 아니지만 교회를 비롯한 여러 건축 노하우를 쌓은 중견업체로, 대표가 자신이 다니는 교회를 직접 건축하는 등 신앙심도 돈독했다. 또한 회사 규모가 작아서 회사의 모든 역량을 춘천중앙교회 선교교육관 건축 현장에 집중할 수 있는 장점을 갖고 있었다. 실제 시공할 때는 사장과 부사장이 수시로 현장을 방문하여 공사 상황을 점검하였고, 수차례 임원들이 선교교육관 공사현장에서 점검회의를 갖는 등 세심한 배려를 하였다.

선교교육관 공간 개요 및 배치

- **공사개요**
  - 공사명 : 춘천중앙교회 선교교육관 신축공사
  - 규모 : 지하 1층 지상 3층
  - 구조 : 철근콘크리트조 +철골조
  - 대지면적 : 9,914.00㎡
  - 건축면적 : 1,036.82㎡(313.64평)
  - 연면적 : 3,953.06㎡(1,195.80평)
  - 공사기간 : 2003년 9월 7일~2004년 9월 30일
  - 설계 및 감리회사 : (주)PCK종합건축사무소
  - 시공회사: 예일종합건설(주)

- **공간배치**

지하 1층
  - 비전교회(청년부)
  - 기도실, 분반실, 사무실, 휴게실, 기계실, 창고(보관실)

지상 1층
  - 새싹교회(4~7세) 미취학 아동.
  - 사무실, 분반실 3개(소그룹모임, 성경공부), 중보기도실(주중, 주일 개인기도)

지상 2층

· 푸른교회 다윗부(초 1~2학년)

· 9시반에는 베드로부(초1~6) 활용 : 초등학교 전체예배. 분반실 6개

지상 3층

· 드림교회(중고등)

· 고등부 9시 100명, 중등부 11시 150명

· 고3 위해 특별히 섞여서 예배

· 중고등부 공간 배려. 맨 위층은 다목적 집회 공간으로 활용

지상 4층

· 게스트하우스

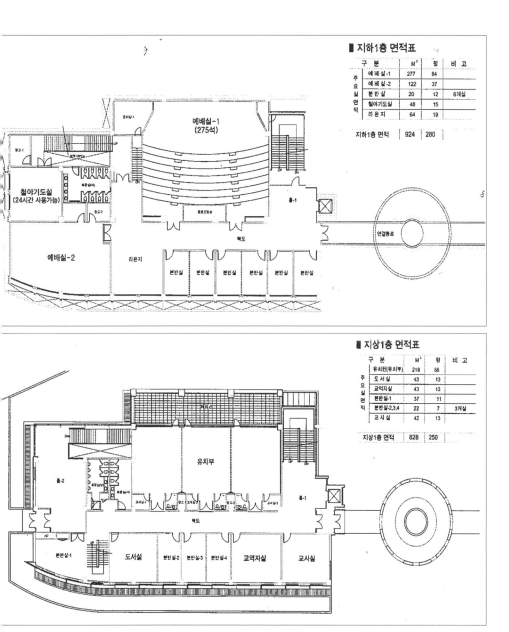

예배실-1
(275석)

본반실-1

창고-1

UP

내부 OPEN

철야기도실
(24시간 사용가능)

창고-2

홀-1

DN

연결통로

예배실-2

라운지

복도

본반실 본반실 본반실 본반실 본반실 본반실

유치부

홀-2

DN

교사실 창고 교사실 창고 교사실

홀-1

UP

DN

복도

AD

본반실-1

도서실

본반실-2 본반실-3 본반실-4

교역자실

교사실

선교교육관 지하 1층 평면도(그림 위)와 지상 1층 평면도.

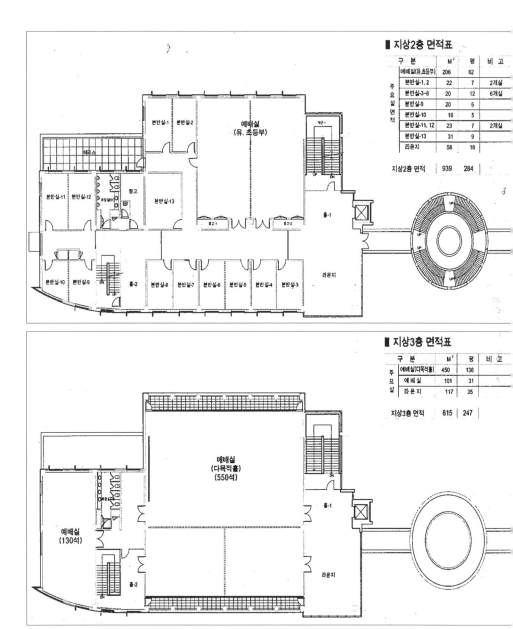

▌지상2층 면적표

구 분		M²	평	비 고
주요실면적	예배실(유.초등부)	206	62	
	분반실-1, 2	22	7	2개실
	분반실-3~8	20	12	6개실
	분반실-9	20	6	
	분반실-10	16	5	
	분반실-11, 12	23	7	2개실
	분반실-13	31	9	
	라운지	58	18	
지상2층 면적		939	284	

▌지상3층 면적표

구 분		M²	평	비 고
주요실	예배실(다목적홀)	450	136	
	예배실	101	31	
	라운지	117	35	
지상3층 면적		815	247	

선교교육관 지상 2층 평면도(그림 위)와 지상 3층 평면도.

선교교육관 기공

춘천중앙교회는 선교교육관이 본격 시공에 들어가기까지 애초 예정했던 2003년 3월보다 6개월을 더 기다려야 했다. 선교교육관 건축비 마련을 위한 건축헌금도 실시하였지만 예정했던 목표치에 도달하지 못하였기 때문이다.

2003년 3월 30일 주일에 선교교육관 건축 헌금 작정 봉헌식이 있었다. 모두 259세대 378명이 12억5천521만3천원을 약정하였다. 교인들의 헌금은 이후에도 계속 늘어나 착공을 앞둔 그해 8월 말에는 18억 원을 넘었다. 다만 헌금액수가 애초 설정했던 목표에 미치지 못했다. 이에 춘천중앙교회는 무리해서 공사를 추진하기보다는 좀 더 준비하고 건축비를 마련하는 것이 바람직하다는 판단 아래 착공시기를 뒤로 미뤘다. 하지만 그런 현실적인 어려움 속에서도 춘천중앙교회는 춘천중앙교회다웠다. 그동안 100주년기념교회를 짓느라 100억 원에 가까운 헌금을 하였던 터라 여력이 더 있을까 싶을 만큼 헌금피로도가 컸다. 그러나 춘천중앙교회의 저력은 역시 이번에도 달랐다. 다만 속도가 좀 더딜 뿐이었다.

이런 우여곡절을 겪으며 춘천중앙교회는 기도와 헌신으로 준비하여

2003년 9월 7일 열린 선교교육관 건축 기공식 장면.

2003년 9월 7일 드디어 선교교육관 기공예배를 드릴 수 있었다.

권오서 담임목사의 집례로 이루어진 이날 기공식은 참석자 모두가 '시온성과 같은 교회'(245장)를 찬송하면서 시작되었다. 춘천북지방 감리사인 최헌영 목사의 기도와 춘천중앙교회 강경중 교육부장이 시편 81편 10절의 성경말씀을 봉독하고 어린이성가대의 찬양이 있었다. 동부연회 김창수 감독(신성교회)이 '큰꿈큰비전'이라는 제목의 설교가 있은 다음 모두 '기공을 위한 교독'을 낭독했다. "어린이들이 하나님의 사랑을 배우고 은혜와 진리 안에 자라나며 하나님과 사람 앞에 쓰임을 받게 할 선교교육관을 세우기 위해 이 땅을 팝니다"는 내용의 교독이었다.

이어 춘천중앙교회 선교교육관건축위원회 정세연 위원장이 공사계획에 대해 보고하고, 설계사인 PCK종합건축사무소와 공사를 담당할 예일종합건설(주), 그리고 건축위원들에 대한 소개가 있었다.

그리고 집례자인 권오서 담임목사는 "하나님의 영광을 위하여 모든 성도들 앞에서 이제 기독교대한감리회 춘천중앙교회의 선교교육관 건축을 위하여 기공을 선언"했다.

류종수 춘천시장의 축사와 '너 근심 걱정 말아라'(382장)의 찬송 그리고 춘천중앙교회 곽철영 원로목사의 축도를 끝으로 기공식은 마무리 되었다.

이렇게 선교교육관 건축의 닻을 올린 춘천중앙교회는 모든 목회자와 장로, 성도들이 합심하여 성공적인 선교교육관 건축에 나섰다.

기공식 이듬해인 2004년 3월부터는 하루에 한 번(낮12시) 1분간 선교교육관을 향하여 기도하고, 교회에 올 때마다 선교교육관 현장을 방문하여 1분간 묵상기도하는 '1·1·1기도운동'을 실시했다. 이때부터 선교교육관 앞에 '비전(vision)이란 수식어를 붙여 '비전선교교육관'이라 불렀다.〈228쪽 VISION 선교교육관 건축 참조〉

비전 선교교육관 건축

우리의 비전(VISION) 선교교육관 건축이 춘천중앙가족 모든 성도들의 눈물의 기도와 헌신과 정성으로 아름답게 점차 제 모습을 갖추어가고 있습니다. 그동안 어려운 여건과 환경 중에서 기도해주시고 또한 정성된 건축예물과 건축작정헌금을 감당해주신 모든 분들에게 진심으로 감사를 드리며 살아계신 하나님의 축복이 풍성하게 되시기를 간절히 소망합니다. 선교교육관을 위해 일심(一心)으로 기도합시다. 동터오는 아침 7시가 되면 우리들의 비전 선교교육관 건축현장에는 향후 100년의 교육역사를 새롭게 펼쳐나갈 춘천중앙의 새로운 역사가 펼쳐지고 있습니다. 선교교육관의 완성을 위한 기도와 정성에 함께 참여해주십시오. 성도들의 눈물과 정성과 기도가 하나 되어 하나님의 보좌를 움직이게 될 것입니다.

· 하루 한 번(낮 12시, 정오) 1분간 선교교육관을 향하여 기도운동을 펼칩니다.(1 · 1 · 1 기도운동)

· 교회 올 때마다 선교교육관 현장을 방문해 1분간 묵상기도를 하여 주십시오.

· 건축위원장을 비롯한 건축위원들과 현장 사람들에게 격려를 보내주십시오.

· 작정하신 교우들의 신령한 예물이 53.52%(10억5천만 원) 정성으로 감당해주셨습니다. 덕분에 현재까지는 은혜 가운데 진행되고 있으며, 아울러 부득이 감당하지 못하신 분들의 가정에 하나님의 풍성하신 복이 넘쳐져서 가까운 시일 안에 감당하시는 기쁨이 넘치시기를 소망합니다.

교육관 건축 위한 5가지 공동기도문

춘천중앙교회는 100주년기념교회를 건축하면서 성도들이 하나 된 마음으로 하나님께 드리는 기도의 힘이 얼마나 강력한지를 확인하고 체험한 바 있다. 간절히 간구할 때 하나님은 그 기도를 외면하지 않으신다는 믿음이 곧 성전을 건축하게 하는 힘이었던 것이다. 100주년기념교회를 건축할 때처럼 춘천중앙교회는 선교교육관 건축에 대한 기도가 그 어느 때보다 절실했다. 성도들은 교회에 올 때는 물론이거니와 가정에서도 사회생활하면서도 기회가 닿으면 아름다운 선교교육관을 건축하게 해달라고 하나님께 기도를 드렸다.

그러는 가운데 춘천중앙교회는 보다 강력하게 하나님께 기도한다는 취지로 '선교교육관 건축을 위한 다섯 가지 공동기도문'을 만들어 성도들에게 배포했다. 성도들은 이 공동기도문에 따라 선교교육관을 건축하도록 해달라고 하나님께 열심히 열심히 기도하고 기도하고 또 기도했다.

"천지와 만물을 지으신 하나님 아버지! 우리가 이 땅에서 주님이 주신 생명으로 하나님의 영광스런 사역을 준비합니다. 우리가 이 기도의 제목으로 간구할 때에 응답하소서! 역사하옵소서! 우리가 주님의 도우심을 바라오니 주여 손을 내밀어 잡아주시옵소서!

첫째, 거룩한 사역에로의 부르심에 대한 감사의 기도

사랑과 은혜가 풍성하신 하나님, 하나님의 거룩한 뜻에 따라 우리 교회를 세우시고 106년의 오랜 역사 속에서 훌륭한 신앙의 전통을 이어가게 하시니 감사합니다. 하나님의 크신 은혜와 변함없는 사랑으로 여기까지 인도해주신 에벤에셀의 하나님, 앞으로도 이 교회의 역사가 계속되는 한 영원히 함께 하여 주실 것을 믿고 감사드립니다. 우리 교회가 "오직 하나님의 영광을 위해, 진정으로 예배드리기 위해, 자녀들을 올바른 신앙으로 교육하고 훈련하는 일을 위해, 지역사회를 품는 교회를 위해, 더 큰 그릇으로 많은 영혼을 구원하는 일을 위해 선교교육관을 건축하게 하시니 감사합니다. 이제 마무리 단계에 이르렀으니 우리의 영적인 가나안 땅에 아름다운 선교교육관이 우뚝 서게 될 그날을 바라보며 주님께 감사와 영광을 드립니다.

둘째, 선교교육관 건축 후에 다가올 비전을 향한 기도

기도로 지어지는 선교교육관이 하나님께서 임재하시는 집이 되게 하시고 만민이 기도하는 집이 되게 하옵소서. 주의 눈이 영원히 살피시며 주의 응답이 단비처럼 내리는 교육관이 되게 하옵소서. 죄를 지은 사람이 이 전에서 회개하며 간구할 때에 죄를 사하여 주시옵고 괴롭고 답답하여 견딜 수 없는 사람이 하나님의 집에서 마음을 토하거든 하나님께서 들으셔서 응답하옵소서. 병들어 고통당하는 사람이 이 전에 나와서 주님께 두 손을 들거든 치료하는 광선을 보내사 깨끗하게 하옵소서. 사단의 권세를 깨뜨리는 능력 있는 교회가 되게 하옵시고 춘천 땅을 복음으로 변화시키고 더 나아가서는 세상 모든 민족들에게 그리스도를 전하는 증인의 사명을 감당하는 교회가 되게 하옵소서. 이곳에서 훈련받을 우리의 자녀들이 영적으로 거듭나는 영적 전투장이 되게 하시고, 이들 가운데 세계사의 한 페이지를 장식할 거룩한 지도자들이 배출될 수 있도록 축복하여 주옵소서!

셋째, 선교교육관 건축에 임하는 성도들의 신앙을 위한 기도

1. 기도로 세워지는 선교교육관이 완성되기 전에 먼저 기도로 준비하게 하심을 감사드립니다. 기도를 통하여 온 교회가 하나 되게 하시며, 거룩한 헌금과 헌물 그리고 기도가 넘치게 하여 물질만으로 세워지지 아니하고 기도로 지어지는 선교교육관이 되게 하소서. 아름답게 완공되어져 봉헌하는 순간까지 모든 성도들이 합심하여 기도의 등불을 꺼뜨리지 않음으로써 항상 무슨 일이든지 기도와 함께 이루어지게 하소서!

2. 소리 없이 지어지는 선교교육관이 되게 하소서! 성전을 지을 때 철연장 소리가 나지 않도록 세심한 배려를 했던 솔로몬의 정성을 본받아 공사현장에서 시비와 다툼이 없게 하시고, 무사고로 안전하게 하옵시며, 오직 겸손한 마음과 헌신 가운데 각자의 소명을 이루며 소리 없이 지어지는 선교교육관이 되게 하소서.

3. 기쁨으로 사명을 감당하게 하소서! 선교교육관을 우리 시대에 감당하게 하심이 축복임을 알고 기쁨과 감사로 사명을 감당하게 하소서. 억지로 하는 자가 한 사람도 없게 하시고 거룩한 역사에 참여하는 성도들이 모두 기쁨으로 참여하게 하소서. 그리하여 자손대대로 크게 축복을 받아 영광스런 가문으로 쓰임 받는 기적이 일어나게 하소서.

넷째, 선교교육관이 완공되는 순간까지 안전을 책임져 주실 것을 간구하는 기도

졸지도 아니하시며 주무시지도 않으시고 늘 깨어 우리를 지켜주시는 주여, 건축에 참여하는 모든 일꾼들을 능력의 손길로 붙드셔서 한 사람이라도 공사 중에 다치거나 상하는 일이 없게 하옵소서. 그분들의 가정과 자녀들을 축복하여 주시고 지켜 보호하여 주시옵소서.

다섯 째, 선교교육관 건축에 필요한 재정이 차고도 넘치기를 간구하는 기도

일의 시작을 주관하는 하나님. 일의 진행 과정과 마무리도 친히 주관하여 주시옵소서. 모든 공사가 때에 맞게 잘 진행되게 하시고 건축재정이 부족하여 하나님의 영광을 가리우는 일이 없게 하여 주옵소서. 또한 선교교육관은 성도들의 정성과 눈물이 담긴 물질로 봉헌되어 지어지고 있습니다. 작정한 예물과 작정될 예물들이 최선을 다해 드려질 수 있도록 성도들의 직장과 사업이 날로 번창하도록 축복 하옵시고, 그 마음에는 평강과 행복감이 충만케 하옵소서.

살아계신 예수 그리스도의 이름으로 기도하옵나이다. 아멘!"

선교교육관 건축과정

춘천중앙교회는 본격적인 선교교육관 시공에 들어가면서 3가지 원칙을 세웠다.

첫째, 설계대로 한다.
둘째, 사고 예방에 철저를 기한다.
셋째, 서두르지 말자 : 이름을 걸고 하자.

설계는 100주년기념교회와 함께 건축하기로 하고 이미 끝냈던 것을 보완한 상황이어서 변경해야 할 사항이 그다지 많지 않았다. 또 많은 설계변경은 공정에 큰 장애를 초래할 뿐만 아니라 예상치 못한 추가비용 발생으로 여러 가지 어려움을 초래한다. 아울러 하나님의 집을 지으면서 무엇보다 중요한 것은 안전에 세심한 신경을 써서 아주 사소한 사고라도 나면 안 된다는 의지가 반영된 원칙이다. 서두르지 않아야 한다는 것은 모든 일은 일정한 공정을 순리대로 따라서 이루어져야 한다는 것을 의미했다. 아무리 바빠도 바늘허리에 실 매어 쓸 수 없듯 공정의 과정을 순차적으로 밟지 않고 건너뛴다면 반드시 탈이 나게 마련이다. 그래서 공사자

춘천중앙교회 선교교육관 공사 터파기.

가 자기 이름을 걸고 책임지고 완벽시공을 하자는 취지였다.

이런 원칙을 가슴에 새기고 춘천중앙교회는 2003년 9월 16일 춘천시 청에 경계측량을 신청하면서 선교교육관 건축 공사는 공식적으로 시작 됐다. 경계측량은 선교교육관 위치 설정을 위한 것이었다. 이튿날부터 현장 지표면에 있던 자갈흙을 제거했다. 주차장에서 본당 좌측으로 공사 장 진입로를 만든 다음 터파기 공사에 들어갔다. 그러나 지하수가 너무 많이 나왔다. 지하수를 퍼내도 퍼내도 상황이 바뀌지 않았다. 근본적인 대책이 필요했다.

건축위원회는 설계사, 시공사 등과 긴급히 협의하여 지하수를 활용한 상황에서 건축하는 방안을 찾기로 했다. 이에 일종의 플로팅공법을 채택 하기로 했다. 지하수를 그대로 두고 그 위에 건축하는 방식인데 지하수

비가 많이 내려 현장을 비닐로 씌워놓았다.

의 양을 일정하게 유지하기 위한 관을 지상으로 나오게 만들어서 많으면
바깥으로 물이 나오도록 설계를 변경했다.

또한 2004년에는 유난히도 비가 많이 내렸다. 특히 11월 7일부터 가을
비가 많이 내렸다. 선교교육관 현장이 걱정되었던 정세연 건축위원장이
8일 새벽 현장을 점검한 결과 지하 1층 예배실 옹벽 밖에 물이 차 있었다.
펌프로 물을 빼내었지만 방수가 걱정이 되었다. 100주년기념교회를 지
을 때도 방수문제 때문에 힘들었던 일이 생각이 나서 선교교육관의 경우
방수문제는 특별히 신경을 썼다.

그런데 11월 11일 반짝 개었던 하늘이 또 비를 뿌렸다. 하늘도 무심하
다는 생각이 들어 정세연 위원장은 이렇게 기도했다.

"비를 계속 내려 작업을 중단하게 하심은 하나님의 어떤 뜻일까요? 알수 없으니 답답합니다. 주님, 주님의 뜻대로 진행해 주시옵소서."

하지만 그 이튿날부터 날씨는 쾌청하게 개어 예정됐던 작업들을 무사히 진행할 수 있었다. 그런데 현장에 쌓아두었던 철근이 비를 맞은 탓에 녹이 슬었다. 건축위원회에서는 녹슨 철근의 경우 강도에 문제가 있지 않을까 염려가 되어 시공사 현장소장과 협의했다. 시공사 측에서는 공사 현장에서 늘 있는 일이므로 별문제가 없다고 했다. 또 춘천은 습기가 많은 지역이고 특히 해변가는 2~3일이면 녹이 스는데 외국인들도 문제 삼지 않는다고 했다. 일부에서는 녹이 슨 철근이 오히려 강도를 높여준다고까지 하여 별문제 없는 것으로 결론지었다.

비옴과 갬을 오락가락하던 날씨는 11월 17일이 되자 전형적인 늦가을 날씨를 보였다. 아침엔 기온이 영하로 떨어져 얼음이 얼기도 했다. 공사에 속도를 낼 수 있었다. 18일에 콘크리트 타설을 시작했다. 콘크리트 타설은 하루에 다 못해서 그 다음 날 칠 때는 전날 친 콘크리트와 새로 칠 콘크리트 사이에 방수를 철저히 하면서 작업했다.

11월25일에는 로툰다 공사를 위한 장소를 확인하고 울타리를 치자 자동차를 후면 주차장에 주차하고 교회로 들어가기가 불편해졌다. 하지만 성도들은 이런 불편쯤은 감수하며 선교교육관이 하루 빨리 튼튼하고 아름답게 지어져 아이들이 하나님을 만나고 배우는 전당이 되길 고대했다.

12월이 되자 건물의 기둥 역할을 할 H-빔 설치공사를 시작했다. 그리고 12월 11일부터 트러스(Truss)를 올렸다.

12월 12일 H-빔 설치를 모두 끝내고 본격적인 건축 공정에 들어갔다. 특히 본당인 100주년기념교회와 선교교육관의 연결 역할을 하는 로툰다

선교교육관 기초공사 모습(사진 위) H빔을 설치한 모습.

선교교육관 지하층 공사 모습(사진 위)과 마무리 단계의 모습.

(rotunda) 건축 작업에 신경을 썼는데, 본관과의 연결 작업 문제가 신경 쓰였다. 설계변경이 불가피했다. 설계자에게 의뢰한 설계변경 도면이 12월 19일 도착했다. 이제 변경된 설계에 따라 여러 가지 실험을 거듭하며 일체감을 느낄 수 있도록 시공할 수 있었다.

로툰다는 춘천중앙교회만이 갖는 독특한 건축 양식이다. 보통 본당과 교육관은 한 건물로 하거나 독립된 형태로 유지하기 마련인데, 춘천중앙교회는 가운데 로툰다를 만들어 폐쇄가 아니고 가운데로 초청하고 본당과 교육관을 연결하는 상징적인 역할을 하도록 했다. 로툰다를 사이에 두고 100주년기념교회 본당과 선교교육관 2층을 연결하는 다리를 마련했다. 두 건물이 붙어야 정상인데, 떨어뜨리면서 하나라는 의미이다. 단절이 아니라 교회의 새로운 옥외 스페이스로 들어오는 상징적인 문으로 생각하도록 했다. 8개의 기둥면은 예수의 일생을 탄생에서부터 부활까지 8부분으로 나눠 반영했다. 또 로툰다 내부에 교회의 역사적 또 성경적 조각물을 붙일 수 있도록 했다. 성도가 그 공간으로 들어가면 뭔가 다른 영역으로 들어간다는 암시를 주려는 의미를 담았다.

한편 선교교육관의 전체적인 건축 공정은 예정대로 차질 없이 진행되었다. 그러나 지붕이 문제였다. 설계에 반영된 선홈통 2개로는 시간당 80mm의 폭우가 쏟아진다면 문제가 있을 것으로 판단되었던 것이다. 또한 물받이에 낙엽이 쌓였을 경우에도 문제가 예상됐다. 지붕 청소가 불가능할 뿐만 아니라 지붕에 올라간다 해도 의지할 곳이 없어 위험하여 이를 보강하는 작업이 필요하였다.

2005년 4월 26일 비가 많이 내렸는데, 이게 탈을 불러왔다. 로툰다와 지하예배실에 물이 찼던 것이다. 그리하여 300리터였던 물탱크를 1500리터로 증강하는 등 배수문제와 방수문제에 대해 다시 연구하면서 보강공사를 진행하였다.

　5월에 3층 대예배실 서쪽 테라스에 대한 확장 의견이 나왔으나 설계자인 박홍균 소장이 안하는 게 낫다는 의견을 내어 받아들이는 한편 이동식 칸막이 대신 커튼으로 마무리 시공을 했다.

　내일 작업할 부분은 반드시 오늘 이야기 하도록 했고, 현장감독에게 일의 양을 확인하도록 하고, 가능하면 주변 환경을 깨끗하게 한다는 현장 규칙을 지키면서 선교교육관 건축 공사는 1년의 공기에 25억 원의 예산으로 1000평 규모를 짓겠다는 당초 계획에서 예산은 조금 상회했지만 크게 벗어나지 않고 예정대로 잘 끝냈다.

　선교교육관건축위원회는 정세연 위원장을 비롯한 위원들이 열심히 공부하면서 공사를 진행했다. 또한 건물은 모름지기 사용하는 사람들이 편해야 하고 또 활용가치가 높으면서도 아름다워야 한다. 그런 점에서 선교교육관건축위원회는 튼튼한 선교교육관을 지으면서 편의성과 실용성, 조형미까지 갖추려고 노력했다.

선교교육관 입당에 즈음하여*

　목회서신을 대하는 춘천중앙교회 모든 성도들에게 먼저 우리 주 예수 그리스도의 은혜와 평강이 가정과 일터와 생업 위에 충만하시기를 기원하면서 이 글을 씁니다. 돌이켜보면 종이 우리 교회에 1988년 4월 3일 부활절에 부임하여 어언 16년 6개월의 세월이 흘렀으니 결코 짧지 않은 시간인 듯 싶습니다. 그러나 지난 시간을 돌이켜보면 지극하신 하나님의 크신 은혜와 도움이 있었기에 오늘의 부흥과 성장을 이룩할 수 있었습니다. 뿐만 아니라 춘천중앙 가족 여러분의 눈물어린 헌신과 희생 그리고 사랑과 인내와 믿음의 수고가 결실을 맺은 결과임을 잘 알고 있습니다. 담임목사로서 언제나 변함없는 사랑과 기도로 교회를 섬기고 목회에 협력해 주신 것을 지면을 빌려 먼저 감사의 인사를 드립니다.

　사랑하는 춘천중앙의 성도 여러분!
　지금의 우리 춘천중앙교회는 또 다른 축복과 새로운 도약의 기회를 맞

* 춘천중앙교회 권오서 담임목사가 선교교육관 입당에 앞서 성도들에게 보낸 감사의 목회서신이다.

이하고 있습니다. 우리 교회를 중심으로 깜짝 놀랄 만한 춘천 위성도시 프로젝트가 끊임없이 진행되고 있기 때문입니다. 이와 같은 현상은 오래 전부터 미래를 내다보고 믿음의 그릇을 준비해온 우리 교회를 축복하시려는 하나님의 섭리와 계획인 줄로 믿습니다. 나는 담임목사로서 우리 교회가 더 큰 웅지와 비전을 품고 민족교회로 부흥 성장될 수 있기를 희망합니다. 또한 춘천지역의 영혼을 책임질 뿐만 아니라 한 걸음 더 나아가 조국과 민족의 장래에 희망을 주며, 젊은이들과 자녀들에게 꿈을 심어주는 교회! 그리고 상처받고 지치고 피곤한 인생들에게 소망을 주고 생명을 주고 삶의 감동과 감격을 주는 교회! 그리고 신앙의 평생을 함께 동행하고 싶은 그런 교회로 만들어가고 싶습니다.

이젠 선교교육관이 완공되어 입당할 시기가 점차 다가오고 있습니다. 그동안 경기 침체의 어려운 여건 중에서도 오직 차세대의 국가적, 민족적 지도자 양성이라는 일념으로 믿음을 잃지 않고 선교교육관 건축에 참여해주신 성도 여러분의 노고와 헌신을 진심으로 치하 드리며 머리 숙여 감사를 드립니다.

이제 동부연회뿐만 아니라 우리나라 전체에서도 손에 꼽을 만한 자랑스런 선교교육관을 건축하였습니다. 우리는 단순한 건축물을 지은 것이 아닙니다. 만일 단순한 건축물을 짓는 것이라면 그에 따른 설계와 금전만 있으면 될 것이지만 우리는 선교교육관을 통하여 세상 땅 끝까지 복음을 전파하기 위한 원대한 영혼 구원과 국가와 민족의 미래를 살릴 수 있는 차세대 예수 그리스도의 제자 양육을 목적으로 신앙교육의 전당을 짓고 있기에 선교교육관의 중요성이 있습니다. 그렇기 때문에 성도 여러분 한 분 한 분들의 눈물어린 기도가 뿌려져야 할 줄로 믿습니다.

자랑스런 춘천중앙의 성도 여러분!

　선교교육관을 통해서 하나님께 영광 돌리고 아름답게 완공되어질 수 있도록 기도의 등불을 밝혀주시기를 간곡하게 부탁드립니다. 지금의 우리 시대는 참된 지도자의 출현을 간절히 열망하고 있습니다. 암울한 현실을 뚫고 온 국민들에게 희망을 줄 수 있는 지도자, 민족의 미래를 맡길 수 있을 만한 지도자를 찾고 있는 것입니다.

　선교교육관 건축은 이와 같은 시대적 사명에 부응하기 위한 영적인 전초기지가 될 것입니다. 이제 이곳에서 신앙훈련을 받는 우리의 자녀들은 모세와 여호수아처럼 혹은 느헤미아나 다니엘, 베드로나 바울처럼 세계 열방들에게 하나님의 나라를 세워갈 만한 실력과 신앙을 겸비한 지도자들로 탄생될 것입니다. 지도자는 국가와 민족의 앞날에 대한 선견지명이 있어야 합니다. 조직능력이나 국가경영능력도 있어야 합니다. 물론 지적 능력도 있어야 하고 사회적 감각도 있어야 하며 통찰능력도 갖추어야 합니다. 뿐만 아니라 무엇보다도 삶의 가치관과 사람을 잡아 이끄는 동화와 용납의 능력도 있어야 합니다. 그러나 가장 중요한 것은 그 시대에 제일 높은 도덕률이 있어야 하고 그 가슴에는 하나님을 두려워하고 백성을 사랑하는 진지한 믿음과 헌신과 희생의 자기 겸양이 있어야 합니다. 그리고 하늘을 우러러 말씀을 부여잡고 살아가려는 영적인 원칙을 품고 있어야 하는 것입니다. 이와 같은 미래의 영적 지도자들이 우리의 비전 선교교육관을 통해서 차후 배출될 것입니다.

　사랑하는 춘천중앙의 성도 여러분!

　좋은 출발, 잘된 시작이 성공을 낳을 수 있습니다. 하나님께서 우리들의 기도를 기억하사 복을 주실 것입니다. 우리들은 이런 비전을 품고 선교교육관 건축을 완공하고 감격적인 입당을 맞이하여야 하겠습니다.

역사적인 이 사명을 위해 부모 된 우리들은 철저한 순종과 헌신의 자세로 터전을 닦아 놓아야 할 것입니다. 지금 우리들은 단순한 건물을 짓는 것이 아닌 위대한 사명을 감당하고 있다는 사실을 기억해 주시기 바랍니다. 그리고 21세기를 여는 가장 중요하고 절박한 시기에 민족사에 동터오는 크고 놀라운 역사를 함께 이룩해봅시다.

미래를 준비하는 이 놀라운 역사의 중심에는 더 많은 성도들의 간곡한 결단이 필요합니다.

이미 성도 여러분께서는 본 성전의 건축과 선교교육관 건축을 위하여 1차~4차에 걸쳐 아름다운 신앙의 고백으로 본당 건축헌금과 성전 헌물헌금 그리고 선교교육관 건축헌금을 작정하셨습니다. 그렇게 존귀하게 봉헌된 헌금으로 지금의 은혜로운 성전이 지어졌고 복된 예배를 통해 시간마다 한량없는 은혜를 받고 있습니다. 뿐만 아니라 선교교육관도 아름답게 지어져 이제 입당을 눈앞에 두고 있습니다. 그러나 혹여 지난 날 현실적인 어려움 때문에 아직 작정하신 후 완납을 미루어 놓으신 분들은 계시지 않습니까? 그렇다면 이번 기회에 선교교육관 입당과 함께 그동안 미납된 작정헌금(본당 건축작정헌금 포함)을 완납해 주셔서 마무리 될 수 있도록 선한 협력을 감당해 주시기를 바랍니다. 물론 하나님께서 먼저 그 이름을 기억하셔서 상급과 복을 주시리라 믿습니다마는 교회에서도 내년 선교교육관 봉헌예배(2005년 4월 예정) 때 교회의 역사적 자료와 건축에 봉헌하신 분들의 이름을 일일이 기록하여 '타임캡슐'로 기념비 안에 저장함으로 여러분의 숭고한 헌신과 믿음을 영원토록 기리고자 합니다.

그러므로 자랑스런 성도들의 깊은 심령에 남다르게 샘솟는 영적인 기쁨이 충만케 되시기를 축복합니다. 또한 혹시라도 늦게 이 사실을 인지하셔서 부득이 참여하지 못하신 성도들이 계십니까? 그렇다면 지금이라도 소원을 품고 기도하시면서 이 거룩한 꿈을 세우는 사명에 함께 참여하시는 결단을 내려주시기를 바랍니다.

이제 마음에 소원을 품고 기도하신다면 반드시 주께서 감당할 수 있는 여건과 능력을 허락하여 주실 것을 믿어 의심치 않습니다.

아무쪼록 선교교육관 입당을 눈앞에 두고 있는 시점에 춘천중앙의 모든 성도들이 끝까지 최선을 다함으로써 하나님께 큰 영광을 돌릴 수 있게 되기를 바랍니다. 더불어 하나님께서 오늘도 안전하게 베풀어주시는 은총이 성도 여러분의 가정과 자녀들과 모든 삶에 언제나 동행하여 주시기를 우리 주 예수 그리스도의 이름으로 간절히 축원하면서 이 펜을 놓습니다.

2004년 10월 서재에서
감독 권오서 드림

선교교육관 봉헌 예배

춘천중앙교회는 2005년 4월 4일 월요일 오전 11시에 선교교육관 봉헌 예배를 드렸다. 2004년 10월 23일 춘천중앙교회 성도들을 비롯한 내외 빈들이 참석한 가운데 입당예배를 드리고, 12월 24일부터 본격적인 교회 학교 활동을 시작했던 춘천중앙교회에게 있어 선교교육관의 봉헌 의미는 특별했다. IMF라는 국가 초유의 사태로 인해 100주년기념교회와 함께 건축하려던 계획을 보류해야 했던 아픔을 딛고, 또 100주년기념교회를 짓는데 필요한 건축재정을 위해 수차례 헌금해야 했던 터여서 선교교육관 건축헌금이 예상과 달리 더디게 이루어지던 초조감을 이겨내고 이루어낸 값진 하나님의 집이기 때문이었다.

그래서 춘천중앙교회는 봉헌예배에 앞서 성도들에게 초대장을 보내면서 "이렇게 기도하고 참여해주세요"라고 특별 당부를 했다.

· 창립기념주일과 봉헌예배의 모든 순서와 진행이 원활하게 이루어질 수 있도록 각자 맡은 부서에서 최선으로 감당해 주시기를 바라며 또한 오시는 손님들을 밝은 웃음으로 맞이해주시기 바랍니다.

선교교육관 봉헌예배.

· 순서를 맡으신 분들과 참석하는 모든 목회자와 성도님들을 위하여 기도해
  주십시오.
· 선교교육관 봉헌예배를 드리면서 믿음으로 작정하셨던 건축헌금과 비품헌
  금을 감당해주십시오.
· 봉헌예배를 드리지만 아직 마무리되지 못한 점들이 많습니다. 계속해서 관
  심을 갖고 물질과 비품으로 참여해주시기를 바랍니다.
· 우리 교회가 차후 국내 선교와 세계 선교의 주역이 될 수 있게 하여 달라고
  기도해주십시오.

권오서 담임목사의 집례로 진행된 선교교육관 봉헌예배는 '다 찬양하

선교교육관 봉헌 기념 테이프 커팅.

여라'(21장)를 찬송한 다음 "주를 위하여 거하실 전을 건축하였사오니 주께서 영원히 거하실 처소로이다"는 내용의 교독 낭독이 이어졌다. 춘천기독교연합회 회장인 류진형 목사의 기도와 춘천중앙교회 교육부장인 김익상 장로의 성경봉독(마태복음 9장 35절), 시온찬양대의 특별찬양, 박거종 감독의 '교회의 3대 사역'이란 제목의 설교와 헌금을 끝으로 1부 '예배' 순서가 마무리되었다.

박거종 감독의 집례로 열린 2부 '봉헌'은 정세연 건축위원장의 경과보고에 이어 감창수 관리부장의 봉헌위임 낭독이 있었다.

"하나님의 크신 축복과 주 예수 그리스도의 은혜로 창립된 춘천중앙교회는 온 교우들의 기도와 눈물과 헌신으로 이 귀한 선교교육관을 건축하여 전

100주년기념 조형물 제막.

능하신 하나님을 경배하고 교육하며 기도하는 집으로 쓰기 위하여 성별하시
기를 감독님께 위임하고 이 열쇠를 드립니다."

이어 집례자가 봉헌 취지에 대해 설명한 다음 참석자 모두 "우리는 이
집을 거룩하신 하나님의 전으로 드립니다. 그러므로 우리의 마음은 언제나 이곳
에 있을 것입니다"는 내용의 교독문을 낭독했고, 봉헌기도와 봉헌선언이
있었다. 또 이 자리에서 정세연 건축위원장과 PCK종합건추사무소 강영옥
대표, 예일종합건설(㈜) 이재동 대표에게 각각 감사패가 수여됐다.

봉헌예배가 끝나고 '기념조형물 제막식'이 열렸다. 기념조형물은 조각가
심재현 장로의 작품으로, 작품명은 '글로리아(GLORIA,영광, 榮光)'이다. 심
재현 장로는 홍익대와 미국 Otis Arts Institute를 수학했고, 'CBS 상징조형

물'을 비롯하여, '하와이 이민교회 100주년 기념조형물', '감리교신학대 채플 기념조형물' 등을 조각했다.

'GLORIA'의 주제는 '하나님의 영광'으로, 스테인레스 스틸의 현대적인 재료에 조각가 자신의 신앙고백을 담았다. 손을 높이 들어 상삼위 하나님께 찬양과 예배로 영광 돌리는 모습을 조형언어로 형상화 했다. 이 조형물은 100주년기념교회와 선교교육관의 장엄한 신축건물과 어울려 그리스도의 복음을 전파하면서 그 사명과 믿음으로 그리스도의 영광을 위하여 살아가라는 의미를 담고 있다. 작품명 'GLORIA'에는 추상적인 의미가 내포되어 있는데, "보는 이마다 서로 다른 다양한 감동과 해석"이 가능하다는 것이 작가 심재현 장로의 설명이다.

"당신이 간직한 가슴의 눈으로 하나님께 드려질 영광된 삶이 무엇인지 작품과 함께 헤아려보십시오! 당신의 가슴에서 해석된 영광이 정답입니다."

또한 이날 봉헌식에서는 100주년기념비도 제막했다.

100주년 기념 비문

1898년 4월 봄내(春川) 퇴송골(현 퇴계동)에 이루어진 하나님의 집, 만민의 집! 그 분 앞에서 너와 내가 한 형제 되어 공유하는 평화의 집, 이제 이 집을 기도하는 성전이라 부르며 정결한 몸과 마음을 가진 백성이 되기 위하여 창립 100주년을 맞아 이를 기념하고 새로운 한 세기를 밝혀나갈 기념교회를 건축하다.

담임목사 권오서 외 교우 일동

선교교육관 건축을 끝내며

기다리는 시간은 빨리 가지 않지만 지나간 시간은 정말 빨리 간 것 같습니다. 2003년 9월 7일 기공예배를 드리고 같은 해 9월 16일 착공하여 13개월의 기간을 거쳐 이제 완공단계에서 겨우 여러분께 서면으로 감사의 말씀과 함께 선교교육관에 대한 내용을 알려드리게 됨을 하나님께 감사드립니다. 아울러 비가 오나 눈이 오나 밤낮을 가리지 않고 기도해 주시고, 또 귀중한 건축헌금으로, 봉사로 동참해 주신 교우 여러분께 진심으로 감사를 드립니다.

선교교육관은 지하 1층과 지상 4층 건물로 알루미늄패널과 동판으로 겉을 마감하고 내부는 어린이들에게 어울리는 아름다운 색으로 조화시켜 보았습니다. 겉면과 분반실은 여러 가지 색을 칠하여 변화를 주었고, 지하의 전등도 어린이들에 맞게 시도해보았습니다. 특히 어린이들의 안전을 위하여 노력하였으며 선교교육관 남북의 양 옆에 정수시설을 갖춘 음수대 3개, 정수 냉수 기능을 갖춘 정수기 3대를 설치하여 식수의 안전을 꾀하였으며 동서남북의 네 방향에 학생들이 자유스럽게 대화하며 자연경치를 감상할 수 있는 휴식공간이 있습니다.

각 실 모두 여름은 시원하게, 겨울에는 온돌과 따뜻한 공기를 내보내는 GHP(Gas Engine Driven Heat Pump) 시설이 되어 있어 필요한 경우 본관 지하 보일러실에 설치된 중앙제어장치실에 날짜와 이용시간 등을 알려주면 컴퓨터에 입력, 자동으로 켜지고 꺼지며(교육목사실에도 구비) 본당도 선교교육관과 함께 모든 시설이 자동화 시설로 교체되었습니다. 양측 출입구에는 방범문과 방화문이 있어 방범과 화재에 대비하였으며, 3층에는 긴급 구조시설이 준비되어 만약의 사태에 대비하고 있습니다. 또 본관과 선교교육관을 연결하는 로툰다(ROTUNDA)는 좋은 안식과 대화의 장소가 될 수 있으며, 완전 개방된 아름다운 곳입니다.

지하 1층은 청년부 공간으로 예배와 성경 공부, 연극, 영화, 음악회, 자연스럽게 토론 등을 할 수 있는 안락한 공간인 휴게실과 분반실이 있으며, 탕비실도 있어 즐겁게 차를 나눌 수 있습니다. 특히 본당 구조상 어려움이 있었던 철야기도실이 이곳에 준비되어 있어 24시간 마음 놓고 기도할 수 있는데다가 아늑한 방처럼 도배하고 온돌은 물론 에어컨 시설도 갖추고 있어 사시사철 깊은 기도의 시간을 가질 수 있습니다.

지상 1층은 유치부 공간으로 배치되었습니다. 예배실도 방법에 따라 3개실로 구분되도록 이동식 파티션(Movable Partition)을 설치하였고, 예배실에 신발을 벗고 들어갈 수 있도록 했으며 예배실 내에 화장실이 준비되어 어린이들이 편리하게 생활할 수 있도록 하였습니다. 특별히 등산하는 주민들을 위한 휴식공간으로 잠시 쉴 수 있게 음수기 자판기 의자 등을 준비하고 있습니다.

지상 2층은 초등부를 위한 공간입니다. 2층은 모두 강화마루가 깔려있어 신발을 벗고 생활하도록 되어 있습니다. 특히 2층은 넓은 공간이 있어 양쪽 편의 자연경치를 바라보며 휴식할 수 있습니다.

지상 3층엔 500명이 동시에 예배드릴 수 있는 예배실이 있습니다. 이곳은 전면에 커튼과 슬라이딩월(Sliding Wall)이 있어 열어 놓으면 자연경치를 보면서 예배와 각종 행사를 할 수 있습니다. 예배실은 연극을 할 때 배역들이 자유롭게 드나들 수 있는 뒷면 통로, 조명시설 등도 잘 되어 있어 공연효과를 높이는 데 크게 기여하리라 생각되며, 몸이 불편하거나 휴식이 필요한 사람들에게 안락한 휴식처로 제공되는 공간, 또 유아들을 위한 자모실은 바닥을 강화마루로 필름 타입의 온돌을 깔아 바닥과 위의 공기까지 모두 따뜻하게 할 수 있으며 신부대기 및 폐백실

장소로도 이용됩니다. 4층에는 기혼 목회자와 독신 목회자를 위한 게스트하우스
가 있습니다. 로툰다 부근의 휴게실은 전후좌우 모두 탁 트여 있어 마음까지 후련
하게 느껴집니다.

　교우 여러분.

　여러분의 수고가 이렇게 엄청난 시설을 만들었습니다. 사랑하는 학생들이 이
선교교육관에서 미래의 꿈을 키우고 앞으로 위대한 지도자로 배출되기를 기원합
니다. 학생, 교사, 목사님, 모두 오고 싶고 배우고 싶고 가르치고 싶은 선교교육관
이 되도록 우리 모두 기도해주시기를 바랍니다. 다시 한 번 교우 여러분께 감사드
립니다. **정세연** 선교교육관 건축위원장

로뎀하우스 건축

춘천중앙교회는 선교교육관을 건축하는 한편 목사관인 로뎀하우스를 건축했다. 옥천동예배당 부근에 있던 목사관은 100주년기념교회를 건축할 때 건축기금에 보태기 위해 불가피하게 매각하였고, 이에 담임목사는 전세 아파트에서 생활하고 있었다.

그런 상황을 감안하여 장로들 사이에서 자연스럽게 목사관 건립이 필요하다는 의견이 개진되면서 목사관 건립은 추진되기 시작했다. 이에 2003년 10월에 열린 기획위원회에서 공식적으로 목사관 건립에 대한 논의를 시작했다. 이날 회의 참석자들은 저마다 다양한 의견을 내놓으며 활발한 토의를 진행한 결과 목사관건축위원회를 구성하기로 결정했다. 이에 11월에 장기호 장로를 위원장으로 선임하는 한편 김석권 장로, 이은회 장로 등으로 목사관건축위원회를 조직하고, 김석권 장로에게 목사관 건축 실무를 맡아 진행하도록 했다.

목사관 터는 애초 선교교육관 옆 주택이 있는 자리로 검토하였으나 조용한 곳이 좋겠다는 의견에 따라 지금의 철길 뒤편으로 정했다. 일부에서는 바로 앞에 농구장이 있다는 이유로 반대하기도 했으나 아늑한 분위기를 우선 고려하여 선택한 위치였다. 당시 터는 임야로 아카시아나무 등이 무성하게 자라있는 땅이었다.

공사규모는 자연녹지 500평(건폐율 20%)에 건축면적 118.9평, 연면적 172.74평의 지하1층, 지상2층 철근콘크리트조로 건립하기로 하였다. 공사기간은 2004년 6월부터 2005년 5월까지 약 11개월로 잡았다.

일부에서는 규모가 크다는 지적이 있었지만 김석권 장로는 이왕 건축하는 목사관이라면 미래를 내다보고 건축하는 것이 좋다는 생각에서 담임목사의 목회준비와 생활을 위해 필요한 공간을 제대로 마련하는데 초점을 맞추기로 했다.

목사관의 설계 포인트는 회의실과 서재를 마련하되 사택을 겸한다는 점을 감안하여 사적 공적 배려가 동시에 가능하도록 했다. 또 거실에서 바깥 조망을 맘껏 감상할 수 있도록 하여 전원주택 같은 분위기를 최대한 발휘될 수 있도록 신경 썼다.

2004년 5월 30일 주일 오후에 목사관 기공예배를 드렸다. 로뎀하우스라 이름 붙인 이 목사관은 담임목사 가족의 주거공간을 포함하여 회의실과 서재 등으로 구성됐다.

시공과정에서의 특이사항은 당시 막 나오기 시작한 스필블럭을 사용했는데, 춘천에는 조적공이 없어 자재회사에 연락해 수도권에서 활약하는 조적공을 초빙했으나 여의치 않아 배워가며 공사했다. 이 일로 인해 시공업자는 새로운 장비를 많이 구입하기도 했다.

공사 중 비가 많이 왔는데, 특히 마당 등이 정리가 되지 않았을 뿐만 아니라 뒤가 산인 탓에 마사토가 흘러내려 목사관 현장 앞 농구장까지 쏠리는 바람에 애를 먹기도 했다. 이날 밤 김석권 위원장은 새벽에 목사관 건축 현장으로 달려와 산사태를 막으려 애썼으나 허사였고, 되레 큰 사고

로뎀하우스 내부 서재 모습.

를 당할 뻔하기도 했다.

목사관 건축에 들어간 비용은 허가에 2천5백여만 원이 소요된 것을 비롯하여 토목에 7천만 원, 건축에 4억2천만 원, 조경에 2천2백만 원, 가구와 집기에 4천만 원, 부대시설에 1천4백만 원, 기타 3천8백만 원 등 모두 6억3천1백여만 원이었다.

목사관 건축 당시 철근과 시멘트를 비롯한 자재가격이 매우 비쌌다. 더욱이 목사관 건립 예산을 짠 이후에 자재비가 급등하였다. 당시 철근 1톤 가격이 사상 최대인 88만원(평상시엔 33만원 수준)을 기록했다. 그리하여 김석권 장로는 여러 가지 가능한 방법을 동원하여 시장가격의 70% 수준으로 자재를 조달했다.

공사기간은 애초 4~5개월로 예정했지만 조명이나 인테리어 등 모든

지금은 헐린 로뎀하우스 터.

분야에서 완성도를 높인다는 생각에서 1년 정도 소요됐다. 그 결과 목사
관의 모델로 삼아도 될 만큼 만족한 건물을 건축했다는 평가였다.

춘천중앙교회가 늘 기대하던 목사관인 로뎀하우스의 성공적인 건축은
담임목사가 마음 편하게 목회할 수 있는 여건을 마련했다는 점에서 큰 의
의를 찾을 수 있었다.

하지만 삼아도시개발과 대림건설 컨소시엄에 교회 부지의 일부를 매각
할 때 로뎀하우스 부지도 반드시 들어가야 한다는 조건에 따라 부득불 매
각할 수밖에 없었다.

권오서 담임목사는 로뎀하우스가 정말 편안하고 좋았다고 잠시 거주
하던 시절을 회고하면서 100주년기념교회 및 선교교육관 건축으로 인해
생긴 빚을 갚기 위한 불가피한 결정이어서 되레 감사하다고 말했다. 하

나님께서 빚을 해결하라고 역사하셨기 때문이다.

한편 목사관 이름은 성도들로부터 공모해서 '로뎀하우스'로 결정했었다. 로뎀나무는 열왕기상 19장 4~5절에 보면 선지자 엘리야가 호렙산으로 가다가 나무 아래에서 쉬는데, 그 나무가 바로 로뎀나무이다.

"스스로 광야로 들어가 하룻길쯤 행하고 한 로뎀나무 아래 앉아서 죽기를 구하여 가로되 여호와여 넉넉하오니 지금 내 생명을 취하옵소서 나는 내 열조보다 낫지 못하니이다 로뎀나무 아래 누워 자더니 천사가 어루만지며 이르되 일어나서 먹으라 하는지라"

따라서 '로뎀하우스'는 햇빛을 가려 그늘을 만든 쉼터로, 안식을 얻을 수 있는 집이라는 의미를 담고 있었다.

주차장 및 조경공사

춘천중앙교회는 선교교육관과 로뎀하우스 건축을 끝으로 건축물에 대한 공사를 마무리하는 한편 교회 전체에 대한 조경과 주차장 공사를 진행하여 1988년부터 시작된 대장정의 대단원을 내렸다.

주차장 및 조경공사는 이인수 장로가 실무를 맡아 진행했었는데, 이인수 장로는 편의성과 실용성, 그리고 100주년기념교회 및 선교교육관과 균형을 이루는 조형성에 초점을 맞춰 공사를 진행했다.

주차장은 가능하면 운전이 서툰 교우들이 편하게 주차할 수 있도록 이중 라인마크로 시공했다. 주차장 마크를 이중으로 함으로써 주차 공간이 예상보다 적게 조성되었다고 일부에서 비판에 제기되기도 했지만 그로 인한 접촉사고 발생이 거의 일어나지 않는 등 긍정적인 효과가 많아 지금은 많은 교우들이 만족한다. 또한 차량 진출입도 한쪽으로만 드나들 수 있도록 한 애초 설계를 바꿔 양쪽에서 모두 진출입이 가능하도록 하여 불편함을 해소하였다.

교회 조경 사업의 하나로 2002년에 실시한 전교인 식목 행사.

　　다만 100주년기념교회와 교육관 모두 건물 1층이 낮게 건축되어서 건물과 평행이 되도록 시공하는데 애를 먹기도 했다. 공사비 지급 문제로 공사가 지연되는 등 우여곡절도 겪었다.

　　또한 철길 뒤편 주차장 중 일부는 법적 녹지대 비율을 충족하기 위해 아스콘 주차장 조성이 불가하여 차선책으로 잔디 블록 주차장을 시공했는데, 여성도들의 하이힐 구두가 블록 사이에 끼는 등 이용에 불편을 주고 있어 개선이 요구되기도 한다.

　　또한 춘천중앙교회는 뒤편에 야외예배장소를 조성했다. 자연친화적인 전원교회답게 야외예배장소는 많은 성도들로부터 좋은 아이디어로 받아들여졌으나 야외에서 확성기를 이용하여 예배를 드릴 때 불가피하게 생기는 찬양소리가 인근 주민들에게는 소음 피해가 되는 등 민원이 발생하여 지금은 크게 활용하지 못하고 있다. 아울러 야외예배당 계단을 붉은 벽돌로 시공하였는데, 경사면에서 물이 나와 겨울에 얼었나 녹았다를 반복하면서 계단이 망가지는 등 시공상의 실수도 있었다. 향후 별도의 개선조치가 요구된다. 또한 다리 밑에 축대를 쌓아 언덕을 만들었는데, 축대 밑에서는 그냥 직선거리로 교회로 올 수 있음에도 별도로 인도가 조성되는 관계로 주차공간을 더 확보하지 못한 아쉬움도 크다.

한편 조경은 전원교회 콘셉트에 맞춰 다양하게 시공했다. 100주년기념 조형물은 애초 로툰다 앞에 설치할 계획이었으나 설치하고 보니까 그다지 어울리지 않는다는 판단 아래 리덕수 전도사 비석 위로 고민하다가 결국 지금의 자리에 설치하게 됐다. 또한 애초에는 뒷동산 꼭대기에 파고라(원두막)를 설치하려고 했다. 동산 위를 깎아 평평하게 하여 그곳에서 예배를 보고 조망할 수 있는 전망대를 만들면 좋겠다는 의견들이었다. 그리하여 개발 허가까지 내서 동산 위를 깎고, 파고라 설치에 필요한 나무 등 자재를 모두 현장에 올려놓았으나 마지막에 시공하지 않았다. 다만 철쭉으로 조성한 춘천중앙교회 로고 작업은 애초 계획이 없었으나 새롭게 시공됐다.

애초 공사는 2007년 3월부터 7월까지 예정했으나 실제로는 10월 말에 가서야 끝이 났다.

한편 춘천중앙교회는 2006년 11월 15일 삼아도시개발과 대림건설 컨소시엄에 퇴계동 산 27-4, 221-13, 465-17, 465-18, 465-19, 466-4, 465-9 등 7필지 25,123.00㎡(7,599.67평)을 70억 원에 매각하여 그동안 100주년기념교회 및 선교교육관 건축으로 인해 생긴 부채를 모두 상환하는 것으로 춘천중앙교회의 새 성전 건축 대장정은 막을 내리게 되었다.

퇴계동 성전에 서있는 소나무

춘천중앙교회 선교교육관 옆에 노송 한 그루가 고고한 자태를 뽐내며 서있다. 아마 우리 나이로 고희(70세)는 충분히 넘긴 것으로 추정되는 이 소나무가 춘천중앙교회에 자리 잡기까지는 꽤 오랜 역사가 스며 있다. 한국전쟁이 끝난 직후 이 터에는 유류보급부대가 자리하고 있었는데, 이 유류부대장이 정원수로 쓰기 위해 강원도 춘성군 신남면 덕만리에 있던 것을

옮겨 심었다. 옮겨 심은 후 부대는 막걸리와 비료를 주는 등 온갖 정성을 다하여 소나무를 보살피며 길렀다. 그러다 유류부대가 이전해 간 후인 1990년대 초 서울의 한 화원에서 기중기를 동원하여 이 소나무를 파가려고 했다. 그러자 동네 사람들은 이 소나무는 마을의 상징이라며 파가지 못하게 막았는데, 그 덕택에 지금 춘전중앙교회의 마당에 심어져 사랑 받으며 잘 자라고 있다. 이 소나무가 퇴계동으로 옮겨왔을 때 이 마을에 살던 한 어린이가 늘 이 소나무를 두고 이곳에 교회가 들어오게 해달라고 기도했다고 한다. 그래서인지 춘천중앙교회가 이곳으로 이전해오면서 이 어린이의 기도가 이루어진 셈이 되기도 했다.

인테리어 보수공사

춘천중앙교회는 100주년기념교회를 봉헌한 지도 10년 가까운 세월이 흐르면서 곳곳에서 여러 가지 정비할 사항들이 하나둘 나타나기 시작했다. 또 다른 100년을 위해 지은 성전이지만 세월이 흐르면서 여러 가지 상황들이 변하고 또 보다 진화된 장비들이 보편화되기에 이르렀기 때문이다.

하드웨어적인 부분에서는 크게 수리를 해야 할 만큼 문제가 발견되지는 않았다. 설령 요구된다 할지라도 쉽게 접근할 수도 없을 것이다. 그러나 인테리어나 음향장비 같은 소프트웨어 측면에서는 여러 가지 리모델링이 요구됐다.

그리하여 춘천중앙교회는 100주년기념교회 대예배당 내부에 대한 인테리어 보수공사를 실시하기로 하고 실무 담당자로 이인수 장로와 함광복 장로를 선임했다. 이에 2011년에 본격적인 보수작업에 들어갔다.

보수작업은 우선 대예배당 벽을 장식하고 있던 월카펫(Wall Carpet)을 철거하기로 했었다. 애초 바닥은 붉은색, 벽은 옅은 브라운 계통의 월카펫을 설치했다. 미관상 보기에는 품격이 있어 보이지만 강대상에서 발산되는 모든 음향을 흡수하는 단점이 있었다. 더욱이 의자까지 벨벳이어서 웬만한 음향은 모두 흡수되는 상황이었다. 그래서 월카펫은 철거하는 것이 좋다고 결론을 내렸다. 사실 리모델링 공사를 할 때 월카펫만 철거한 상태에서 예드림합창단이 연습을 했는데, 그 상태만으로도 예배당이 떠나갈 듯한 공명이 이루어져서 월카펫이 얼마나 음을 흡수했는지를 실감할 수 있었다.

장중한 대예배당의 분위기를 연출하기 위해서는 외관상 드러나는 것만으로 할 수 없고 음향까지 제대로 반영할 수 있는 내적 요소와 통일성이 반드시 요구된다. 이에 리모델링팀은 음향디자이너와 상의하여 방송국 공개홀 수준으로 시공하기로 했다.

그리하여 리모델링을 위해 월카펫을 뜯어낸 자리에 커튼으로 임시조치를 취하고 예배를 보는 한편 빠른 시간 안에 리모델링 공사가 마무리되도록 하였다.

조명 역시 대폭적인 리모델링의 대상이었다. 월카펫을 뜯어내자 조명이 너무 멀리 있고 또 담임목사 머리 바로 위로 쏘아지게 되었다. 이에 밑으로 좀 내려서 다시 설치하는 한편 기초 조명을 철거하고 대신 3배나 강력한 서라운드 입체형 조명으로 대체하여 설치했다.

대예배당 벽면의 리모델링 공사를 마무리한 후 지휘자 금난새와 가수 윤복희 등 전문가들이 공연을 가졌는데, 완벽한 공연장 형태의 예배당은 처음이라고 극찬했다.

또한 오케스트라 연주까지 가능하도록 원형의 회전무대로 설계되었던 것을 반달형으로 설치한 강대상의 경우 애초 설계대로 복원하려고 했으나 10여억 원의 많은 비용이 소요될 것으로 예상되어 다음 기회로 미루었다.

아울러 성도석에서 바라본 강대상의 조망이 TV로 보면 목사님 머리에 뿔 달린 것처럼 보이는데, 이를 보완하기 위해 지구본 등으로 배치해 보았으나 여전히 개선되지 않고 있다. 숙제로 남아있다.

음향기기와 영상기기도 많이 노후화 되어 전반적인 리모델링을 거쳐 최신형으로 다시 세팅할 필요가 있다.

다가 올 100년을 준비하며
새 역사를 열어가는 교회!

춘천중앙교회가 강원도 춘천시 퇴계동에 100주년기념교회를 지은 것은, 지금 생각하면, 사람의 생각과 계획대로가 아니라 하나님의 인도하심의 결과라고 할 수 있다.

애초 춘천중앙교회는 '전원교회'를 짓고 싶어 했고, 또 '전원교회'를 짓겠다는 생각에서 100주년기념교회의 건축대장정에 돌입했었다. '전원교회' 콘셉트는 한때 유행했던 교회의 한 모습인 것 같다. 정확하게 말하자면 하나님이 원하시는 교회라기보다는 앞으로의 교회가 이러해야 한다는 추측으로 교회의 미래의 모습을 정한 것 같다. 하지만 100주년기념교회를 짓고 난 지금의 춘천중앙교회의 모습은 어떤가?

첫째, 새 역사를 열어가는 교회가 되고 있다.

지금 춘천중앙교회는 전원교회의 성격을 가지고 있지 않을 뿐 아니라 전원교회가 아니다. 선교, 예배, 양육, 봉사, 교육의 모든 사역이 균형을 이루며 성장하는 교회, 인도네시아에 선교사를 파송하고 교회를 세우며 신학대학을 설립하여 다음세대 선교의 기지가 되게 하는 교회, 지금 생각하면 꿈도 꾸지 못하였던 비전이었다.

1988년 옥천동예배당에서 세운 '새 역사를 열어가는 교회'라는 교회의 비전이 퇴계동에서 2015년 100주년기념교회를 통해 눈으로 볼 수 있는 '새 역사를 열어가는 교회'가 되고 있다.

둘째, 하나님은 사람의 생각보다 더 통(?)이 크신 분이었다.

김교익 장로가 헌납한 애막골 2천 평이 춘천시에서 추진하던 춘천시 박물관과 수영장 건립 계획과 맞물리면서 이 토지를 포기해야 했다. 그리고 강원도 경찰청의 땅을 비롯하여 조씨문중의 땅 등 여러 성전 터 후보지들을 검토하는 과정에서 교회 외부의 어려움과 함께 교회 내부에서도 그린벨트로 묶인 땅이라는 이유 등으로 성전부지 매입에 반대하는 등 많은 어려움이 있었다. 그러던 중 퇴계동에 있는 사학재단 강원고의 학교부지를 매입하게 되었다. 처음 전원교회를 생각하면서 7~8천 평의 토지를 매입하는 것이면 만족할 수 있을 것 같았다. 하지만 하나님은 15,867평의 땅을 준비하셨고, 그곳에 성전을 건축하게 하셨다. "이는 내 생각이 너희의 생각과 다르며 내 길은 너희의 길과 다름이니라 여호와의 말씀이니라"는 이사야 55장 8절 말씀처럼 하나님은 우리의 생각과 달랐다. 우리가 7~8천 평에 만족했을 때 하나님은 두 배를 생각하고 예비하셨던 것이다.

셋째, 지속적인 부흥과 성장 속에서 교회 건축이 이루어졌다.

교회를 건축한다고 하면 많은 성도들이 부담을 느낀다. 더욱이 100주년기념교회는 IMF 시기에 지어진 교회이다. 그렇기 때문에 재정적으로 다른 시기보다 더 큰 어려움을 겪으면서 교회를 건축했다. 그런데 이 사회적인 어려움 속에서 하나님은 춘천중앙교회를 퇴계동에 세울 수 있도록 인도하셨다. 하나님은 성전 건축을 하고 있는 동안뿐만 아니라 성전 건축 이후에도 끊임없이 부흥할 수 있도록 도우셨다. 〈표 1〉, 〈표 2〉, 〈표 3〉에서 볼 수 있듯이 연도별 교인의 증가에 따른 헌금 수입의 증가, 그리고 교회 임원의 증가가 이루어졌다. 성전을 건축하고 있던 2000년과 2014년을 비교하면 교인 수는 4배가 증가했고, 임원 수도 2000년 573명에서 2014년에는 1,020명으로 두 배 증가했다. 헌금 수입(일반회계기준)의 경우 12억여 원에서 32억여 원으로 3배 가까이 증가했다. 계수상의 지표로 볼 때 춘천중앙교회는 하나님의 인도하심 속에 부흥 성장했다. 양적인 성장뿐 아니라 질적으로 성장했음을 볼 수 있다.

〈표 1〉 춘천중앙교회 연도별 교인 증가표

항목		1988년	1991년	2000년	2005년	2010년	2014년
원입	아동	155명	104명		960명	1,791명	1,746명
	성인	126명	559명	430명	721명	1,159명	1,687명
세례아동		45명	37명	174명	244명	569명	292명
세례인		101명	144명	99명	138명	279명	318명
입교인		753명	907명	1,263명	2,259명	2,840명	3,311명
합계		1,180명	1,751명	1,968명	4,322명	6,638명	7,354명

〈표 2〉 연도별 임원 증가표(원로 포함)

항목	1988년	1991년	2000년	2005년	2010년	2014년
장로	17명	17명	21명	37명	39명	50명
권사	88명	66명	190명	371명	404명	451명
집사	199명	297명	362명	406명	466명	519명
합계	284명	380명	573명	814명	909명	1,020명

〈표 3〉 연도별 헌금 수입 증가표(일반회계기준, 단위 천원, 천만 원 이하 반올림)

항목	1988년	1991년	2000년	2005년	2010년	2014년
일반회계	220,000천원	400,000천원	1,220,000천원	1,940,000천원	2,990,000천원	3,250,000천원

넷째. 교회의 부흥과 영적 성장을 통해 강원도 모교회로서의 역할을 감당하게 됐다.

춘천중앙교회는 1898년 강원도에서 처음 세워진 교회다. 춘천중앙교회를 중심으로 철원, 양구, 홍천, 원주 등으로 복음이 퍼지게 되었다. 강원도에 세워진 '첫 교회'라는 의미가 '모교회'를 의미하지는 않는다. '모교회'라는 의미는 '어머니교회'라는 말이다. 어머니는 자식에게 무엇이든지 주려고 한다. 자녀를 위해 자신의 모든 것을 주는 것이 어머니다. 춘천중앙교회는 어머니교회, 다시 말하면 연약함으로 인해 흔들리는 아들과 같은 교회를 돕는 교회로 춘천중앙교회의 자기 정체성을 세우고 있다. 교회 건축을 위해 토지를 매입하는데 어려움을 겪는 교회, 교회 건축 후 재정적으로 어려움에 처한 교회, 교회를 개축 혹은 증축하려는데 어려움을 겪는 교회들을 대상으로 사순절 특별 새벽기도회나 다섯 번째 주일을 사랑의 주일로 정해 모은 헌금을 통해 어려운 교회들을 돕고 있다. 이렇게 교회를 돕기 위해서는 춘천중앙교회가 '어머니교회'라는 자기정체성을 가지고 있어야 한다.

또한 교회가 다른 교회를 도울 수 있을 만큼 양적으로나 영적으로 성장해야만 할 수 있다. 하나님께서 100주년기념교회를 세울 수 있도록 인도하신 섭리 가운데 하나는 춘천중앙교회가 강원도의 어머니교회로서의 역할과 책임을 다할 수 있도록 하기 위함이다.

다섯째, 과거의 100년을 마감하고 다가 올 100년을 위해 준비하는 교회로의 변화하고 있다.

춘천중앙교회는 교회 부지를 옮겨 100주년기념교회를 건축한 것으로 만족하지 않는다. 부단한 변화를 시도하고 있다. 옥천동에 교회가 있을 때, 그리고 퇴계동으로 이전하여 100주년기념교회가 세워지는 건축과정과 건축 이후 교회는 끊임없는 변화를 시도했다. 지역사회의 변화를 바라보면서 교회가 하나님이 주신 사명을 감당하기 위해 교회의 사역과 조직이 변화되었다. 일반적으로 교회가 새롭게 세워지면 자연스럽게 교회가 부흥한다고 생각한다. 이것은 잘못된 생각이다. 사실 교회를 짓고 나서 더 어려움을 겪는 교회가 많다. 그것은 외적인 모습은 새것이지만 그 내용이 되는 신앙공동체는 교회의 외적 변화만큼 신앙적 가치관의 변화가 없기 때문이다. 그래서 어려움을 겪게 된다.

춘천중앙교회는 교회를 2001년 건축, 봉헌한 이후 새로운 변화를 지속적으로 추구했다. 2010년 후반기부터 '미래준비위원회'를 구성하여 하나님께서 주신 사명을 감당하며 지역사회에 선한 영향력을 나타내기 위해 '교회 컨설팅'을 추진했다. 그 결과를 토대로 교회의 각 사역조직을 정비하고, 사역활동을 매뉴얼로 만들었다. 목회적인 시각에서 평신도 사역자를 세워 평신도 사역자와 목회자가 동역자가 되어 함께 하나님과 세상을 섬기는 교회가 되려고 변화하고 있다.

춘천중앙교회는 하나님의 사랑과 은혜의 역사가 나타나는 교회로 성장하기 위해 변화를 주저하지 않고 있다.

퇴계동에 세워진 춘천중앙교회 100주년기념교회는 하나님의 집이다. 하나님께 예배드리는 성도들의 기도와 눈물, 헌신, 사랑과 감사가 흘러넘치는 곳이며, 하나님께서 맡겨주신 비전을 신앙공동체를 통해 이루어가는 선교기지이다.

그리고 성도들과 다음 세대를 이어갈 자녀들을 그리스도의 장성한 분량에 이르기까지 양육하고 훈련시키는 거룩한 도장이다. 연약함을 바라보며 함께 울며 함께 웃는 사랑과 믿음의 공동체를 세워주는 그릇이다. 춘천중앙교회는 지금의 모습에 만족하지 않는다. 지난 100년 고난과 시련 속에서 하나님은 지켜주시고 인도하셨다. 이제 춘천중앙교회는 앞으로의 100년을 준비한다. 그리고 스스로 변화하기 위해 지금도 몸부림치고 있다. 이 모든 일을 이루어 가시는 분은 하나님이다. 우리를 통해 일하시는 하나님. 하나님께 모든 영광을 돌린다.

부록

사진으로 보는 춘천중앙교회 100주년기념교회

퇴계동 성전 입구에 세워진 춘천중앙교회 100주년기념교회 표석.

춘천중앙교회 100주년기념교회 본당.

춘천중앙교회 100주년기념교회 대예배당.

[왼쪽 위] 100주년기념교회 대예배당 천장의 열두 줄 조명. 예수님의 열두 제자를 상징. 조명이 십자가의 한 방향으로 일치하듯 성도들의 마음도 십자가로 모아지기를 기대한다는 의미.
[왼쪽 아래] 100주년기념교회 대예배당에서 예배드리는 춘천중앙교회 성도들.
[위] 야곱의 사다리를 형상화하여 만든 대예배당 강대상 십자가. 예수님의 십자가를 통해 우리의 삶이 일치됨을 의미.

[위] 100주년기념교회 대예배당에서 예배를 주관하는 춘천중앙교회 권오서 담임목사.
[아래] 100주년기념교회 대예배당에서 성가대의 찬양 모습.

[위] 춘천중앙교회를 연 리덕수 전도사를 기리기 위해 100주년기념교회 1층에 마련한 덕수홀.
[아래] 열왕기서에 나오는 로뎀나무를 형상화 한 덕수홀 스테인드글라스. 하나님은 이세벨에 게 쫓기다 지쳐 죽기만을 구하던 엘리야를 로뎀나무 아래에서 떡과 물로 힘을 얻게 하여 호렙 산에 이를 수 있게 하였다. 성도들도 지친 몸과 영혼이 쉼을 얻고 새 힘을 얻게 하는 로뎀나무 그늘이 되길 바라는 의미를 담았다.

[위] 100주년기념교회 1층 로비의 십자가를 음각화한 벽 장식. 십자가 주위의 50여 개 조형물은 성도 한 사람 한 사람을 나타낸다. 십자가 오른쪽은 구원받기 이전 모습으로 왼쪽으로 갈수록 촘촘해지고 따뜻한 색으로 바뀌는데, 각지에 흩어져 있던 성도들이 십자가를 통해 연결되어 교제와 사랑을 나누고 한 몸을 이뤄 성화의 단계에 이름을 표현했다.

[아래] 성도들 간에 친교가 이루어지도록 넉넉하게 마련된 100주년기념교회 1층 로비.

[위] 100주년기념교회 1층에 마련된 새 신자실.
[아래] 100주년기념교회 1층에 마련된 친교실.

골고다 언덕을 연상하게하는 100주년기념교회 1층에서 3층으로 오르는 계단.

[위] 100주년기념교회 3층에 마련된 담임목사실인 목양실.
[아래] 100주년기념교회 1층에 마련된 교회 사무실.

[위] 100주년기념교회에 마련된 자모예배실.
[아래] 100주년기념교회 지하 1층에 마련된 식당.

[위] 방송실.
[아래] 100주년기념교회 대예배당에 설치된 전자오르간.

[위] 외국인들과 함께 하는 춘천중앙교회의 모습.
[아래] 100주년기념교회 3층에 마련된 교회박물관.

개인기도실.

100주년기념교회 본당과 선교교육관을 연결하는 로툰다.

선교교육관.

[위] 선교교육관 베드로부.
[아래] 선교교육관 드림교회.

[위] 선교교육관 푸른교회.
[아래] 선교교육관 4층에 마련된 게스트하우스.

춘천중앙교회 100주년기념교회 후원.

100주년기념조형물 글로리아와 분수.

[위] 리덕수 전도사 묘.
[아래] 야외예배당.

[위] 철쭉으로 조성한 춘천중앙교회 심볼.
[아래] 경춘선 복선전철 뒷편에 조성된 야외 제3주차장.

[위] 선교교육관 뒷편에 마련된 테라스.
[아래] 애초 교회 앞에 있던 경춘선 복선전철이 교회 뒤로 옮겨졌다.

춘천중앙교회 100주년기념교회 종탑과 십자가. 종탑과 십자가는 교회와 붙어있는 것이 일반적이나 춘천중앙교회는 별도로 건축했다.

못 다한 이야기들

김기태(원로장로, 성전건축 자금담당 임원)

'감회(感懷)가 새롭다'라는 말은 이런 때 쓰나 봅니다. 새 성전 건축 관련 자료들이 오랜 세월 여기저기 묻혔다가 늦게나마 정리가 되어 한 권의 책으로 엮어진 것에 박수를 보냅니다.

성전 건축의 한 축을 맡았던 저는 하고 싶은 이야기가 참 많습니다. 준비부터 마무리까지 15여년 넘게 마음에 담아둔 내용을 다 말할 수 없어서 그 중 일부를 제목으로 기술하여 그간에 힘써 주신 성도님들께 '감사의 뜻'을 전하고, 미래의 교회 주인공들에게는 '우리보다 더 큰일'을 해 달라는 부탁을 하렵니다.

새 성전 건축을 시작할 때 제가 선임 장로였으니 당연히 무거운 짐을 맡아야했지만, '달란트'가 달라서 저는 행정과 기획을 하고 자금(돈)을 책임지는 일을 하겠다고 자원하였습니다. 그러다 보니 성도님들과 만남이 잦았고 많은 협력을 구하며 의논을 하는 위치에 있었습니다. 솔직히 고백하면 자금을 만드는 일은 너무 힘들었지만, 하나님은 그때마다 잘 풀어 주셨고, 성도님들의 협력이 컸습니다.

다음에 언급한 내용들을 보시면 성도님들의 믿음의 깊이를 알게 될 것입니다. 교회를 사랑하고 목사님을 존경한 은혜의 교회 가족이란 사실에 감동할 것입니다. 할렐루야!

〈기억에 남는 일들〉
- 권오서 담임목사님이 건축헌금을 최고 액수를 작정하고 완납한 일.
- IMF로 15% 고율이자를 쓰다가 10% 사채를 쓰는 과정에서 어이없는 봉변을 당한 일.
- 장로. 권사들 60여명의 부동산 권리증을 받아 대출 적합 여부를 밤새워 가려내던 일.
- 준공교회를 담보로 7%의 저리 대출을 받아 성도들과 제2금융권의 고율이자 갚은 일.
- 자금 대출서류를 잘 작성하여 50억 원 한도 대출을 받아 자금의 여유가 생긴 일.

〈미담 사례〉
- K권사님이 병원 입원 직전, 대출 제1호로 아파트 권리증을 주셔서 승용차로 종일 함께 서류를 만들고 병원에 내려드릴 때 계기를 보니 시내에서 38Km 거리를 운행하여 놀랐던 일.
- S집사님은 자녀들이 선물해준 금목걸이와 반지 3개를 헌물로 바친 일.
- 삼계탕 집에서 일하는 가난한 L집사님이 내게 점심을 대접하며 5만원을 헌금한 일.
- 담임목사님께 건축헌금을 전달하면서 이름을 밝히지 않은 성도들의 감동 스토리.

성전이 아름답게 건축된 것은 하나님의 뜻과 목사님과 성도들의 믿음의 기도가 바탕이었고, 일을 맡은 자들의 인간적 봉사와 노력이 큰 힘이었다는 체험을 하였습니다. 아쉽다면, 이렇게 애쓴 분들에게 일일이 목사님의 상장을 마련해 드리지 못한 것입니다. 종이 상장이 대단한 것은 아니어도 받는 이들에겐 믿음의 가보(家寶)로 남는다는 것을 나이 들면서 알게 되었습니다.

기도로 승리한 믿음의 자산을 이루어 놓은 춘천중앙교회 역사의 현장에 참여한 기쁨을 안고 미래에 사는 우리들이 되기를 당부 드립니다. 자긍심을 심어주신 하나님 고맙습니다. 아멘!

교회는 따듯한 사람들이 모이는 곳

전아롬(비전교회)

저는 어릴 때부터 부모님의 손에 붙잡혀 교회에 나오게 되었습니다. 남들이 말하는 모태신앙입니다. 교회란 저에게 무척 소중한 곳입니다. '전아롬'이란 사람에게 큰 부분을 차지하는 곳입니다. 그것은 성장해 갈수록 교회는 저의 삶의 많은 추억, 사람들과의 만남, 그리고 인격적으로 하나님을 만난 곳이기 때문입니다. 지금도 저는 일주일에서 주일이 가장 기다려지는 날입니다. 어릴 때 교회는 '건물'의 의미가 컸습니다. 지금도 옥천동예배당의 바닥의 색깔과 바닥재가 생생히 떠오릅니다.

하지만 지금의 교회에서 저는 하나님을 인격적으로 만났고, 하나님을 닮은 사람들과 교제하고 있습니다.얼마 전 저에게 아주 이상한 일이 있었습니다. 은퇴하시는 장로님에게 위로와 감사의 마음을 전하는 예배였습니다. 저의 어릴 때의 눈으로 본 그때는 젊으셨던 집사님이셨습니다. 장로은퇴 찬하예배 때에 장로님으로 은퇴하시기까지 교회를 위해 애쓰셨던 모습들이 사진보듯 그려지며, 하나님께서 참 수고했다라고 말씀하시는 것 같았습니다. 그 마음들을 느끼면서 감사의 눈물들이 주체하지 못할 정도로 흘렀었던 일이 있었습니다. 아직까지도 교회를 위해 계시는 권사님, 장로님들에게는 저보다 더 큰 추억과 기억들이 있으시겠지요. 교회를 잘 세우는 데 힘써 주셔서 감사하고, 저도 그분들처럼 우리 교회를 세워가는 일에 열심을 다하고 싶다는 생각이 듭니다.

춘천중앙교회는 하나님의 울타리입니다

김찬 선교사(인도네시아)

모태신앙으로 태어나 부모님을 따라 자연스럽게 교회를 다녔습니다. 자발적으로 신앙생활을 시작하기보다 일상생활에서 자연스럽게 신앙을 갖게 되었던 것입니다. 사춘기를 보내면서 신앙적인 갈등과 방황을 한 적도 있습니다. 그렇다고 지금까지 살면서 교회로부터 멀리 떨어져서 생활하지는 않았습니다. 하지만 갈등을 할 때 춘천중앙교회는 그런 저에게 바른 믿음의 길을 걸을 수 있도록 안전한 울타리가 되었습니다.

저는 지금 '선교사'로 생활하고 있습니다. 복음을 들고 구원을 전하는 자리에 있습니다. 인도네시아라는 인종과 피부, 생활습관과 문화가 다른 지역에서 교회를 섬기며 복음을 전하고 있습니다. 이곳에서 제가 섬기는 교회 역시 저를 지켜주시는 하나님의 울타리입니다. 춘천중앙교회는 제가 인도네시아에서 복음을 전할 수 있도록 저를 믿음으로 키워준 어머니입니다. 성장하여 선교사로 사명을 주신 하나님의 손길입니다. 저는 춘천중앙교회를 통해 성장하고 복음을 전하는 사명을 전하는 일꾼이 되었습니다. 비록 인도네시아에 있지만 춘천중앙교회는 여전히 저를 보호하는 하나님의 울타리입니다.

예배를 회복하는 전당이었습니다

김동민 권사

직장생활을 하던 중 개척교회를 섬기며 여러 가지 갈등과 영적인 침체를 겪고 있던 중 춘천중앙교회에 다니게 되었습니다.

당시 무엇보다도 저에게 있어서 중요했던 것은 본질적인 예배의 회복이었습니다. 예배를 통한 주님과의 친밀한 교제이며 만남에 목말라 있던 저에게 춘천중앙교회는 저의 갈급함을 채워주는 생수와 같았습니다.

예배를 준비하며 주님께 올려드린 찬양을 통해 저의 마음의 문이 조금씩 열리게 되었고 말씀을 통해 은혜를 받게 되었습니다. 찬양을 통해 저의 신앙이 점차 회복되는 계기가 되었고 신앙이 회복되자 저의 삶의 모든 부분에서 안정을 찾기 시작했습니다. 찬양으로 받은 은혜로 호산나 찬양단을 섬기게 되었고, 지금은 갈릴리 찬양대에서 주님을 섬기게 되었습니다. 평생훈련과정이 말씀에 집중할 수 있는 계기가 되었습니다.

샘터에서 함께 예배드리며 삶 속에서 어떻게 말씀을 적용하고 실천할지 함께 생각하고 기도하면서 저의 신앙이 성숙하는 단계로 나아가게 되었습니다. 샘터를 토대로 사업장에서 신앙회복을 위해 일주일에 한 번씩 예배를 드리고 선교의 비전을 꿈꾸는 신앙의 공동체를 만들어 가고 있습니다.

저는 비록 개척교회에서 좀 더 큰 교회로 왔습니다. 교회의 규모나 시설이 좋다 나쁘다의 문제 때문에 교회를 옮긴 것은 아닙니다. 단지 신앙생활을 잘하기 위해서입니다. 사실 교회를 옮긴 후 신앙생활에 적응하지 못하는 이유를 보면 스스로가 주변인으로 머물러 있으려는 생각이 원인이 된다고 봅니다. 편하게 그리고 익명성을 누리기 위해 그냥 예배만 드린다면 언제나 교회에서는 주변인으로 머물러 있게 됩니다. 주변인은 주변인일 뿐입니다. 자신의 신앙의 성장보다 자기 만족에 머물러 있는 신앙을 가지게 됩니다.

저는 교회를 옮긴 뒤에 저 자신의 신앙 회복을 위해 적극적으로 주위에 도움을 요청하고 함께 기도해 달라고 부탁했던 것 같습니다. 자신의 신앙 회복을 위한 노력과 열정이 있을 때 비로소 교회를 통해서 진정한 부흥과 저 자신의 변화가 이루어지는 것을 느끼게 됩니다.

저는 춘천중앙교회를 통해 잃어버렸던 많은 신앙의 부분들이 회복되었습니다. 건강하고 성숙한 신앙인이 되기 위해서 훈련과 양육 프로그램에 참여하고 있습니다. 주님께서 저를 통하여 이루어가실 여러 가지 일들을 기대하며 지금까지 인도하여 주신 주님의 은혜에 감사드립니다.

우리 교회는 구원의 방주입니다

박안식 권사

옥천동에서 퇴계동으로의 이전은 그야말로 하나님의 철저한 계획하심이라 믿습니다. 화천에서 신앙생활을 하다가 직장일로 춘천으로 이사를 오게 되었습니다. 직장을 옮기고 살집을 마련하는 것도 중요했지만 교회를 선택하고 신앙생활을 하는 일이 더 중요했습니다. 춘천중앙교회에 등록을 하고 신앙생활을 하게 되었을 때 첫 느낌은 예배드릴 수 있는 시설이 갖추어진 교회였지만 주변 환경이 열악했습니다. 지금은 철거되었지만 과선교 밑에 있었던 교회진입로, 교회 앞에 있던 철길이 서울 춘천 간 철도망이 확충되면서 교회 뒤로 이동하게 된 것을 볼 때면 교회 주변을 정리해가시는 하나님의 섭리를 체험할 수 있었습니다. 또한 황무지와 같았던 교회 주변에 아파트 단지들이 들어서게 되었고 교회를 지나 국사봉 등산로를 오르는 사람들을 볼 때면 우리 교회는 세상 속에 스며든 친근한 교회라는 느낌이 듭니다. 이런 교회의 모습을 볼 때면 우리 교회가 지역사회를 변화시키며 불신자들을 주님에게 인도하는 구원의 방주 역할을 잘 감당해야겠다는 생각이 들 뿐 아니라 저 역시 작은 보탬이 되어야겠다는 다짐을 하게 됩니다.

100주년기념교회 건축 연표

1898년 4월 강원도 춘천 퇴송골에서 나봉식 정동렬이 첫 예배를 드림

1902년 10월 리덕수 전도사(경기도 장단 고량포교회)가 춘천에 와서 아동리(현 봉의동) 초가 5칸
　　　　을 구입하여 예배당으로 사용

1908년 서울주재 무야곱 선교사가 리덕수 전도사와 합류하여 아동리교회를 대판리(현 조양동)에
　　　　48칸 양옥을 구입하여 이전

1925년 마이시 목사 주선으로 허문리(현 요선동)에 2층 선교관 신축

1950년 한국전쟁으로 교회 건물 대파

1953년 박춘자 성도 집(현 소양로 2가)에서 예배드림

1955년 미 선교부의 복구 보조비와 헌금으로 남선교부 병원 건물(붉은 벽돌 건물)을 인수하여 교
　　　　회 재건

1969년 3월 옥천동예배당 건축위원회 구성

1970년 3월 2일 옥천동예배당 건축 기공예배

　　　　4월 10일 신축 옥천동예배당 정초식(머릿돌에 전교인 사진 넣기)

1972년 7월 21일　신축 옥천동예배당 봉헌예배

1977년 목사관 건축위원회 구성(위원장 여선동)

1978년 6월 옥천동예배당 본당 개수공사 진행

　　　　9월 목사관 증축공사 기공

1981년 옥천동예배당 교육관 건축 기금 모금 위원회 조직(위원장 여선동)

1988년 4월 제26대 권오서 담임목사 취임예배(부활절 주일 낮 예배)

1988년 8월 18일 기획위원회 세미나 개최(관리부장 이승오 장로의 제안으로 창립 100주년 기념교
　　　　회 증축 또는 신축 종합 검토하기로 결정)

1989년 8월 제2차 기획위원회 세미나에서 성전 건축 문제 논의

1990년 3월 18일 주일예배 3부제에서 4부제로 전환(7시, 8시30분, 10시, 11시 30분)

1991년 3월 김교익 권사 · 고경애 집사 부부 석사동 땅 2천 평 교회부지로 헌납

　　5월 19일 기획위원회 내 소위원회 구성하여 교회 부지 기증 및 성전 건축 업무 추진토록 함

　　6월 30일 석사동 부지 주변 땅 4천 평 추가 구입하여 전원교회 짓기로 하고 특별헌금 건의

　　7월 28일 임원회에서 특별헌금 실시 결의 및 '교회 창립 100주년 기념 예배당 부지 확보를

　　　　위한 교회대지헌금관리위원회' 조직

　　8월 8일 8월 마지막 한 주 '대지 헌금 작정을 위한 특별 새벽기도회' 실시

　　9월 1일 주일예배 때 헌금 3억5천만 원 약정(목표 3억 원)

1992년 석사동 교회 대지 4천 평 추가 구입

1993년 9월 교회대지헌금관리위원회 역할 다하고 해산

1994년 2월 춘천시 석사3지구 개발계획안에 애막골 교회 건축부지가 춘천국립박물관 예정지로

　　　포함됨에 따라 새 성전 건축 부지 문제 원점에서 다시 논의

　　4월 17일 대토를 위한 전교인 서명 운동 전개(1,500명 서명 운동 참여)

　　6월 19일 성전건축위원회 구성 전 건축의 전 분야 담당할 성전건축준비위원회 설치

　　8월 21일 '100주년기념사업'으로 새 성전 건축 확정

　　11월 5일 '100주년기념교회 건축추진위원회' 구성

　　11월 27일 성전건축추진위원회 당회 인준(상임위원회 중심으로 본격 활동)

　　12월 성전건축상임위원회 조직(위원장 왕정걸)

1996년 1월 25일 퇴계동 204번지 일대 1만5천867평 부지 계약(24억 원에 매매계약 체결)

　. 2월 7일 퇴계동 부지 감리교단 유지재단에 등기 완료

　　5월 22일 교회 건축을 위한 특별 기도회 개최(5월 29일~6월 16일)

　　4월 7일 성전부지 확정 감사 예배

　　6월 16일 성전 건축헌금 약정서 봉헌 예배

　　7월 17일 성전 건축 헌금 한 달 만에 410명 교인 38억 원 약정, 현금 헌금 2억 2천만 원

7월 20일 성전 건축을 위한 교회 탐방 및 자료 수집하여 상임위원회 보고

8월 16일 제10차 기획위원회 세미나에서 새 성전 건축 방향과 내용에 대한 기본 원칙 정리

9월 30일 새 성전 건축 설계지침 완료 및 설계 공모

10월 6일 성전 건축 설계 공모 현장 설명회(PCK, 서인건축, 보우건축 등 3개사)

11월 11일 성전 건축을 위한 제2차 전 교인 특별 기도회, 성전 건축 설계 작품 현장 설명회

12월 군부대 땅 낙찰 받음(퇴계동 202-2 외 2필지)

12월 22일 설계회사 최종 선정(PCK사)

1997년 3월 미국 워싱턴과 뉴욕 등 5개 지역 방문 서구 교회 탐방(담임목사 외 3인)

4월 30일 제2대 성전건축위원장 안민 장로를 선출하고 건축위원회 일부 개편

10월 12일 새 성전 투시도 완성 작품 발표

11월 성전건축위원회에서 IMF로 인해 새 성전 본당만 먼저 건축하기로 결정

12월 PCK사와 건축 업무 추진 계획서 작성

1998년 5월 18일 성전건축허가서 춘천시에 제출

6월 2일 성전 건축 설명회 개최

7월 2일 춘천시 성전건축허가서 발부

7월 27일 성전 건축을 위한 40일 특별 새벽 기도회

9월 27일 성전 건축 시공사 선정(이랜드)

10월 26일 100주년기념교회 기공 예배

11월 15일 성전건축 현장 감독관 초빙(최택현 집사)

1999년 성전건축 현장 본격 터파기 시작

5월 24일 성전 건축을 위한 특별 새벽기도회(6월 12일까지 3주간)

5월 30일 4월에 마친 지하 1층 바닥과 지하 2층 벽면 공사 완료 기념 예배

6월 13일 2차 건축헌금 작정

6월 14일 완공 목표일인 2000년 4월 30일까지 공사 현장 방문 격려 및 현장 기도회

6월 27일 본당 위치할 2층 바닥에서 2차 현장예배

8월 건축위원회 3대 위원장으로 임봉수 장로 선출 및 상임위원회 개편

10월 3일 제3차 건축현장예배(2층 본당 자리에서 성만찬 예배)

11월 14일 쥬디 선교사 부부 내한 예배 참석(건축헌금 1천 달러)

2000년 1월 16일 성전 내부 전기 공사

3월 19일 성전 내부 인테리어 공사 발주

5월 봉의동 목사관 매각

7월 옥천동예배당 부지 매각 계약 및 사찰집사 건물 등 춘천시에 기부채납

7월 16일 제4차 현장예배 및 비품 헌금 약정

8월 종탑공사 완료

9월 25일 성전 입구 진입로 군부대 땅 매입(18필지)

10월 8일 새 성전 시설과 비품 등을 위한 3차 건축 헌금 마감

10월 10일 옥천동예배당 교육관에 춘천미술관 개관

12월 26일 2001년 1월 21일까지 '축복된 새 땅을 위한 특별 새벽기도회' 실시

2001년 1월 21일 퇴계동 100주년기념교회 입당예배

3월 100주년기념교회 봉헌예배준비위원회(위원장 김기태 장로) 구성

10월 14일 100주년기념교회 봉헌 기념 찬양 축제

10월 22일 100주년기념교회 봉헌예배

11월 3일 교회 창립 1백주년 성전 봉헌 기념 연주회

2002년 1월 기획위원회에서 교육부장 강경중 장로가 보류했던 교육관 건축 필요성 제기

3월 교육관 건축위원회 구성(위원장 정세연 장로)

9월 교육관 건축 추진 계획 발표

2003년 3월 30일 선교교육관 건축 헌금 약정

6월 28일 선교교육관 시공업체 선정(예일종합건설)

9월 7일 선교교육관 기공 예배

'1.1.1기도운동' 실시(교회에 올 때마다 교육관 현장 방문 1분간 묵상하는 기도)

9월 16일 선교교육관 공사 착공

10월 기획위원회에서 목사관 건축 논의

11월 목사관 건축위원회 조직

2004년 5월 30일 목사관(로뎀하우스) 기공 예배

10월 23일 선교교육관 입당 예배. 입당기념 CCM 라이브 콘서트 및 전교인 찬양 축제

12월 선교교육관 비품 헌금 작정

2005년 4월 4일 교회 창립 107년 기념 선교교육관 봉헌 예배 및 100주년 기념비 및 조형물 제막

4월 권오서 담임목사 로뎀하우스 입주

2006년 11월 부지 중 일부를 삼아도시개발과 대림건설 컨소시엄에 매각

2007년 3월 주차장 및 조경공사 시작

10월 주차장 및 조경공사 완료

2011년 100주년기념교회 대예배당 인테리어 리모델링 공사